清华大学自主科研计划资助
Supported by Tsinghua University Initiative Scientific Research Program

不一样的高校体育教学：
一名体育教师的探究笔记

彭建敏◎著

人民体育出版社

图书在版编目（CIP）数据

不一样的高校体育教学：一名体育教师的探究笔记 / 彭建敏著. -- 北京：人民体育出版社, 2025. -- ISBN 978-7-5009-6522-0

Ⅰ．G807.4

中国国家版本馆 CIP 数据核字第 2024V7L082 号

*

人 民 体 育 出 版 社 出 版 发 行
北京盛通印刷股份有限公司印刷
新 华 书 店 经 销

*

710×1000　16 开本　10.75 印张　161 千字
2025 年 2 月第 1 版　2025 年 2 月第 1 次印刷

*

ISBN 978-7-5009-6522-0
定价：56.00 元

社址：北京市东城区体育馆路 8 号（天坛公园东门）
电话：67151482（发行部）　　邮编：100061
传真：67151483　　　　　　　邮购：67118491
网址：www.psphpress.com

（购买本社图书，如遇有缺损页可与邮购部联系）

序　言

　　1993年9月23日，申奥主办城市揭晓的投票日当天，北京在最后一轮投票中以两票之差负于悉尼。当时我还是一个13岁的小女孩，父亲对我说："我的孩子，你知道，你是一条小池塘里的大鱼。七年后的2000年，在悉尼，你将成为一位伟大的奥运会冠军。"从那一刻起，我深受这个梦想的激励。1997年，我考上了中国顶尖的体育大学——北京体育大学。虽然父亲通过成为一名奥运选手的梦想来鼓舞我成长，并且他的激励驱使我考上了北京体育大学，但心中真正的梦想是成为一名优秀的体育教师。我在母校读完了本科，继而获得了硕士和博士学位。现在，我为自己是清华大学的体育教师而感到骄傲和自豪。此外，我在2008年北京奥运会中担任了田径项目的国内技术官员，圆了自己的奥运梦。

　　2024年是我来清华工作的第21年，我对于体育教学依旧充满激情与热爱。当我面对那些朝气蓬勃的年轻人时，我知道他们在进入清华大学后开启了一段追求无尽梦想、希望和奇迹的旅程。德国哲学家雅斯贝尔斯（Jaspers）说过：教育的本质是一棵树摇另一棵树，一朵云推另一朵云，一个灵魂唤醒另一个灵魂。作为一名体育教师，我会尽力激发学生们的热情，点燃他们心中的火焰。我有责任唤醒、激励和鼓励我的学生们，使他们在自己的一生中更好地相信自己、启迪自己和教育自己。我经常告诉他们，如果心中有信念，奇迹就会发生；如果不能创造奇迹，就要成为奇迹。挑战越艰巨，胜利就越辉煌。

　　教师是梦想的缔造者，一生都承担着打造梦想团队的使命。每个人的梦想都与伟大的中国梦息息相关，并为实现这一伟大梦想贡献力量。我的愿望是，希望我的学生们意识到做自己永远是最好的，愿他们发现自己的美，找到自己的梦想并实现它。我希望他们即使面对恶劣的天气，也能够保持阳光心态，坚定对美好春天到来的信心。

在清华教体育 21 年后，我总想把自己的热爱记录下来。这份热爱源于对清华体育的独特情感，对课堂的珍视，以及对学生的深切关怀。我热爱教学，热爱为之奋斗的教育事业。每个生命都是一个小宇宙，都有属于自己的光亮；每个生命都是一本书，都有属于自己的故事；每个生命都有独特的旅程，都有属于自己的人生价值。美好的事物总是不易获得的，因此值得我们去记录。生命只有一次，我们应当努力去爱，坚持不懈，在每个最美的阶段不辜负最好的自己。

因此，这本书汇集了我用爱记录的文字。

本书主要分为两个部分：我在清华教体育这 20 多年和创新性高校体育教学在清华的实践。我在清华从教 20 多年，至今依然激情满怀，这份动力来自对体育教学的热爱与享受，对教育梦想执着的奋斗，以及对"引导学生终生热爱体育"这一信念不可遏制的追求。

彭建敏

2024 年 10 月

前　言

2021年4月19日，清华大学110周年校庆前夕，中共中央总书记、国家主席、中央军委主席习近平来到清华大学，并特意考察了清华大学西体育馆，同正在进行篮球训练的师生们亲切交谈。习近平表示，重视体育是清华大学的光荣传统，希望同学们发扬清华大学的优良学风和体育传统，坚持德智体美劳全面发展，努力成为祖国建设的栋梁之材。清华大学建校以来，清华体育已是清华大学的一种精神，它超越了理念、特色、成绩的范畴，进入了一种难以言说却具体可触的境界。清华体育精神是全体师生在不断变迁的社会历史进程中，积累、沉淀、碰撞、总结、融合而形成的精神果实，是清华大学独有的校魂。

2014年5月4日，习近平总书记在北京大学师生座谈会上的讲话中强调："教师要时刻铭记教书育人的使命，甘当人梯，甘当铺路石，以人格魅力引导学生心灵，以学术造诣开启学生的智慧之门。"同年9月9日，习近平总书记在同北京师范大学师生代表座谈时强调："一个人遇到好老师是人生的幸运，一个学校拥有好老师是学校的光荣，一个民族源源不断涌现出一批又一批好老师则是民族的希望。"2016年12月7日，习近平总书记在全国高校思想政治工作会议中强调："教师做的是传播知识、传播思想、传播真理的工作，是塑造灵魂、塑造生命、塑造人的工作。教师不能只做传授书本知识的教书匠，而要成为塑造学生品格、品行、品味的'大先生'。"2021年4月19日，习近平总书记在清华大学考察时强调："教师要成为'大先生'，做学生为学、为事、为人的示范，促进学生成长为全面发展的人。"2022年4月25日，习近平总书记在中国人民大学考察时再次强调："做学生为学、为事、为人的'大先生'。"2024年9月，全国教育大会在北京召开，习近平总书记强调，建成教育强国是近代以来中华民族梦寐以求的美好愿望，是实现以中国式现代化全面推进强国建设、民族复兴伟业的先导任务、坚实基础、战略支撑，必须朝着既定目标扎实迈进。总书记的多次讲话，让我们进一步感受到教师的重任和神圣职责，只有不断努力学习、开展教学实践，才能不断接近和成为总书记提及的"好老师""大先生"。

　　总书记的嘱托震撼人心，引人深思。在新时代，我们必将牢记总书记的嘱托，将数字赋能高校体育教育，培养健康人才、拔尖创新人才，从而助力学习型社会和学习型大国的构建，同时为建设教育强国、体育强国和健康中国打下坚实的基础。清华体育在新时代不断传承与创新，拥有总书记在清华大学考察时提出"中国教育是能够培养出大师"的自信。

　　每代教师都面临着时代对教师使命的新要求，教师应顺应时代潮流，培养时代新人。然而，教师使命中有一些恒久不变的内容，那就是教师的事业始终是对人的一生负责。今天，教师的使命就是遵循习近平总书记的嘱托，使学生适应这一不断变化的时代，活出生命的意义和价值，最终实现他的个人价值，同时履行作为公民的责任。教师要不断提升自己生命的价值，在帮助别人成长的同时不断发展和完善自己，在教育生涯中体现体育教育点燃生命和创造生命的魅力。

　　2003年，我来到清华大学，成为一名体育教师，光荣且骄傲。我一直认为体育是顶尖的教育。前南非总统说："体育拥有改变世界的力量。"[1]马约翰说："体育是培养优秀公民最有效、最适当和最有趣的手段。"[2]我立志用顶尖的教育培养优秀的公民，携手改变世界。

　　新时代的高校体育教学面临新的挑战。2016年12月，习近平总书记出席全国高校思想政治工作会议并发表重要讲话，强调中国高校应该坚持社会主义办学方向，并提出了新时代高校思想政治工作的"全员育人、全程育人、全方位育人"方针。随后，在2017年10月党的十九大、2018年5月北京大学师生座谈会、2018年9月全国教育大会、2019年3月学校思政课教师座谈会、2019年4月五四百年纪念大会这些重要会议中，习近平总书记都有关于立德树人的重要论述。自此，立德树人成为高校的主旋律。全国高校思想政治工作会议是课程思政的起点，会议明确指出，所有课堂都是育人的主渠道，要守好一段渠、种好责任田，同向同行，形成协同效应。至此，"课程思政""三全育人"成了高频词。如何抓住立德树人这个根本使命，落实"三全育人"方针，把课程思政融入体育课堂教学，是新时代高校体育教学面临的新挑战。

---

[1] 张莉. 永远的曼德拉"体育拥有改变世界的力量"[EB/OL].（2013-12-13）[2024-08-20]. https://www.sport.gov.cn/n20001280/n20745751/n20767277/c21456073/content.html.

[2] 潘恩. 马约翰主张的现实意义：奥林匹克日思绪（上）[EB/OL].（2012-06-25）[2024-08-20]. http://sports.sina.com.cn/o/2012-06-25/08256113548.shtml.

前言

新时代的清华大学，有优良的体育传统需要传承，有新时代的清华体育精神需要把握、传递、彰显、引领，更有新时代的使命需要遵循、落实、突破与创新。我作为清华大学体育教师的一分子，有幸以个人的视角记录我在清华大学的体育教学实践，记录不一样的体育课。

在我的体育课上，我努力做到以下几点。

坚定"一个中心"：以育人与健康为本。

突出"两个重心"：理论先行，实践有理。

瞄准"三个变化"：身体可见的变化，心理内化的变化，一切向美的变化。

创建"四项教学特色"："五育一体"的课程思政，"四位一体"的教学模式，"四位一体"的教学方式，"四有"教学实践。

贯穿"五项举措"，构建成长发展平台：立体化教材高效助力，体育慕课锦上添花，课题研究性学习大显神威，翻转课堂带来意想不到的惊喜，健康管理平台帮助每个学生管理好自己的健康。

我以我在清华大学的体育教学实践为基础，采用创新性的教学方法，形成创新性体育教学模式，切实做到"全员育人、全程育人、全方位育人"，通过传承、创新和突破，让学生在学校体育教育中真正享受乐趣、增强体质、健全人格、锤炼意志。开展不一样的高校体育教学，竭力培养青年人的综合素质，是对习近平总书记对中国青年提出的希望"增强做中国人的志气、骨气、底气"最好的诠释，能有效培养肩负使命、追求卓越的大学生，对实现第二个百年奋斗目标、促进我国学校体育工作完成从理念到实践的革故鼎新具有建设性意义，也给全国体育教学提供创新性的教学思考，开创体育教学新局面。

彭建敏
2024 年 10 月

目 录

第一部分　我在清华教体育这20多年

1　体育如何帮助我们实现梦想⋯⋯⋯⋯⋯⋯⋯⋯⋯⋯⋯⋯⋯⋯2
2　运动改造大脑⋯⋯⋯⋯⋯⋯⋯⋯⋯⋯⋯⋯⋯⋯⋯⋯⋯⋯⋯⋯6
3　清华体育精神永放光⋯⋯⋯⋯⋯⋯⋯⋯⋯⋯⋯⋯⋯⋯⋯⋯⋯9
4　感受清华体育之美⋯⋯⋯⋯⋯⋯⋯⋯⋯⋯⋯⋯⋯⋯⋯⋯⋯13
5　疫情也不耽误的清华体育课⋯⋯⋯⋯⋯⋯⋯⋯⋯⋯⋯⋯⋯16
6　新生体育课的新气象：第一堂体育课上什么⋯⋯⋯⋯⋯⋯19
7　体育慕课锦上添花⋯⋯⋯⋯⋯⋯⋯⋯⋯⋯⋯⋯⋯⋯⋯⋯⋯20
8　立体化教材高效助力⋯⋯⋯⋯⋯⋯⋯⋯⋯⋯⋯⋯⋯⋯⋯⋯22
9　翻转课堂带来意想不到的惊喜⋯⋯⋯⋯⋯⋯⋯⋯⋯⋯⋯⋯25
10　健康管理平台帮助每位学生管理好自己的健康⋯⋯⋯⋯26
11　多元智能对体育教育的启示⋯⋯⋯⋯⋯⋯⋯⋯⋯⋯⋯⋯34
12　体育课中思想与表达的自由⋯⋯⋯⋯⋯⋯⋯⋯⋯⋯⋯⋯38
13　我们这样介绍自己：用身体表达名字⋯⋯⋯⋯⋯⋯⋯⋯41
14　一位新生的烦恼引发的思考⋯⋯⋯⋯⋯⋯⋯⋯⋯⋯⋯⋯43
15　没有所谓的"后进生"⋯⋯⋯⋯⋯⋯⋯⋯⋯⋯⋯⋯⋯⋯⋯44
16　六个字的限制创意⋯⋯⋯⋯⋯⋯⋯⋯⋯⋯⋯⋯⋯⋯⋯⋯46
17　成功是成功之母⋯⋯⋯⋯⋯⋯⋯⋯⋯⋯⋯⋯⋯⋯⋯⋯⋯48
18　清华体育课的团体操教学⋯⋯⋯⋯⋯⋯⋯⋯⋯⋯⋯⋯⋯51
19　20多年前的街舞课：传统与潮流⋯⋯⋯⋯⋯⋯⋯⋯⋯⋯54
20　20多年后的街舞课：健康大气　形象自信⋯⋯⋯⋯⋯⋯57
21　体育教师要懂、要用心理学⋯⋯⋯⋯⋯⋯⋯⋯⋯⋯⋯⋯61

22	拥有属于自己的体育教学文化	64
23	学生们对体育课的评价	66
24	一位国际生的追随	70
25	赛场上不一样的体育课堂	72
26	体育学习场景的革命	74
27	体育课的新视角：全球体育融合课	77
28	我是体育班主任	79
29	和学生共享体育教育发展的愿景	81
30	和学生一起努力成为优秀的清华人	84

第二部分　创新性高校体育教学在清华的实践

31	"五育一体"体育课程思政	89
32	"五育一体"体育课程思政的基础体育课实践	105
33	"四位一体"创新性体育教学模式	109
34	高校体育教学新视野	122
35	研究性学习大显神威	127
36	体育的游戏化思维	135
37	体育的自由学习	140
38	人工智能赋能街舞教学的思考	143
39	数字赋能是现代体育教学的新趋势	146
40	体育教师参加青教赛的相关探究	149

结语 157

主要参考文献 158

第一部分

我在清华教体育这 20 多年

1 体育如何帮助我们实现梦想

当我写下"体育如何帮助我们实现梦想"这个题目的时候，首先涌上心头的是——发自肺腑地为自己是一名体育教师、一名清华大学的体育教师感到由衷的骄傲和自豪。

体育帮助我实现了人生梦想。小时候，我想当一名教师，而我也一步一步、一环一环地成为教师，来到了梦想中的清华大学。如今，我的梦想仍在继续。梦想不是等待和喊口号就能实现的，而是通过拼搏和努力才能达成，奋斗新时代的前进洪流给我们增添了无穷力量。为梦想而奋斗，撸起袖子加油干，虽然个人的努力看似微不足道，却能汇聚成推动中国前行的强大动力。我和我的学生携手共进、同心同行，一直在努力奋斗的路上。

我担任清华大学体育教师以来，一直教大一新生的基础体育课。在新学期的第一节课上，我常先问学生一个问题：你的梦想是什么？我不需要学生回答，他们内心思考即可。随即，我会问第二个问题：你认为体育如何帮助自己实现梦想？有学生会说："体育很少或基本不出现在我的日程安排中，怎么帮助我实现梦想？"我说："你们作为新生来到清华大学，从此，一切都将改变，体育不仅仅会出现在课堂上，更会出现在你们生活中的方方面面。在清华，体育就是生活。"体育能帮助我们实现梦想，绝不仅仅是让我们有一副好的身体，更重要的是体育的迁移价值会带给我们自信，使我们阳光、积极、乐观、勇于拼搏、不轻易放弃，同时能够懂规则、善交流、会合作等，这些宝贵的品质帮助我们一步步实现梦想。于是，学生们会陷入各自的思考中……

在我的体育课堂上，我对学生的梦想的态度——尊重。

清华大学的大一新生来自五湖四海，他们来到我的课堂，我们相遇、相识、相伴，这是多大的巧遇机缘，他们的性格不同、背景不同、想法不同，但每位学生在课堂上都值得被尊重、被理解、被关注和被爱。

在我的课堂，学生是课堂的主人，他们可以大胆思考、自由发言、勤于表达、勇于提问。课堂把培养学生的批判性思维、良好的习惯，以及对体育、对生活、对生命的激情与热情作为更高的教育目标。教师不仅仅要教学生如何思考，更要启发学生思考什么，并鼓励学生为追究深层次原因多问为什么、是什么、怎么做，达到学、思、知、行的统一。

尊重学生的梦想，鼓励他去努力、去思考、去实践。如何实现自己的梦想？首先，实现梦想是一种能力，它不是学科知识，而是一种适用于所有学科的思维能力、实践能力，甚至是可以训练的。于是，我在体育课堂上训练学生通过体育实现梦想的能力。

实现梦想不仅是一种能力，还是一种思维心态或思维习惯，或被称为心智模式。这是一个涉及价值观或价值取向的深层次问题。教师的责任不仅仅是传授知识、培养能力，更在于引领和塑造学生的价值观。这符合清华大学"价值塑造、能力培养、知识传授"三位一体的教育育人理念。帮助学生实现梦想的过程也是教师自身成长与实现梦想的过程，教师可以与学生一起实现梦想。

对学生的爱是无条件的。爱自己，爱学生，尊重梦想，让一切皆有可能。

清华体育到底如何帮助学生实现梦想？清华大学开设了50多门体育课程，拥有50多个体育社团和50多支体育代表队，全年举办40多项"马约翰杯"体育竞赛，各院系还有体育活动和各类赛事。这些体育课程、社团、队伍、赛事和活动在帮助学生实现梦想方面扮演着重要角色，促进学生全面发展，从而更好地实现个人梦想。

（1）清华体育为学生提供了展示自我、挑战自我的机会。在体育竞赛中，学生可以尽情挥洒汗水，展现自己的才华和实力。这种经历不仅让他们感受到成功的喜悦，还让他们在挑战中不断成长，培养出坚韧不拔、永不放弃的精神。这种精神是追逐梦想所必需的，能够激励学生不断突破和超越自我，勇往直前。

（2）清华体育全面培养学生的团队合作精神和协作能力。在团队项目中，学生们需要相互配合、共同协作，为了共同的目标携手共进、奋力前行。这种经历让他们学会如何与他人合作、如何有效沟通，从而提高了他们的团队意识和互帮互助能力，还能培养他们的团队责任感和集体荣誉感。协作能力在未来的职业生涯中至关重要，能够帮助学生更好地融入团队、发挥个人优势，为实现梦想提供有力的支撑。

（3）清华体育培养学生的意志品质和心理素质。在面对体育竞赛的挑战时，学生需要学会应对压力、克服困难、保持冷静。这些经历有助于培养学生的自信心、坚持不懈的品质和乐观向上的心态。这些品质对于实现梦想至关重要，因为它们能让学生在面对挫折和困难时保持积极的心态，继续前行。

（4）清华体育关注学生的身心健康和全面发展。清华大学通过丰富的体育课程、赛事和活动，促使学生强身健体、提高身体素质，同时缓解学习压力、调节心理状态。这种身心健康的状态有助于学生保持积极向上的心态，更好地应对学习和生活中的挑战，为追逐梦想提供有力的保障。

清华体育还通过举办各种体育讲座、研讨会等活动，引导学生关注体育与社会、体育与文化等议题，拓展他们的视野和知识面。这些活动有助于激发学生的创新精神和社会责任感，使他们更加关注社会现实和未来发展，从而为自己的梦想注入更多的内涵和意义。

学生经常问我，为什么爱上体育的人充满自信？我说，那是因为体育的坚持和拼搏精神是体育最具震撼力的美，使人由内而外地充满自信。时任清华大学校长的邱勇老师在2019年全校新年晚会上祝贺清华女篮2018年蝉联中国大学生篮球联赛冠军时说："我也相信，清华园里最美的女生一定是喜欢体育的女生。"我相信体育，它是顶尖的教育，能够帮助我们实现梦想。

在清华，无论我们身在何处，总能找到适合运动的场地。关键在于，我们是否拥有一颗热爱体育的心。我读过这样一段话：人生最珍贵的六种财富，一是透着活力与健康的身体；二是洋溢在容颜上的自信；三是融化在血液里的骨气；四是打造进灵魂中的信念；五是蕴藏在心底里的梦想；六是丰盈在大脑中的知识[①]。我认为：体育是直接与间接能让我们获得这六种财富的最佳选择，能够全面帮助我们实现梦想。

2018年，习近平总书记在全国教育大会上提出，要树立健康第一的教育理念，开足开齐体育课，帮助学生在体育锻炼中享受乐趣、增强体质、健全人格、锤炼意志。清华大学体育部主任刘波指出：体育是发挥育人作用、实现价值引导的最直接、最有效手段之一，一流的本科教育离不开一流的体育育人工作[②]。这一切都进一步明确体育课堂要以育人为核心，并做到"五育并举"。在清华，体育教师更应充分体现出学校是培养人的地方，体魄与人格并重。把体育精神与清华精神交汇融合，弘扬爱国奉献精神，提升民族自信，增强学生的自信心；把体育顽强拼搏、团结奋斗的精神，不抛弃、不放弃的意志品质，以及与时俱进、勇于创新、博大宽容的精神融入课堂。这个世界是被充满激情的人改变的，体育教师所做的就是点燃学生心中的那团火，燃料是你我共同充满激情的灵魂。

清华体育是直接培养学生实现梦想能力的重要途径。清华体育精神是学生不断进步的动力。作为一名清华体育教师，我会全力帮助学生实现他们的梦想，我会始终践行自己的教育梦想，努力成为助力中华民族伟大复兴的教育"筑梦人"。因为我们的梦都与伟大的中国梦紧密相连。

2022年秋季学期我和我的部分学生结课留念照如图1-1所示。

[①] 佚名. 人生最珍贵的六种财富. [EB/OL]. (2021-04-01) [2024-08-20]. https://www.jianshu.com/p/034f789ff047.
[②] 刘波. 一流本科教育离不开一流体育育人[EB/OL]. (2016-07-05) [2024-08-20]. https://www.tsinghua.edu.cn/info/1758/71656.htm.

图 1-1　2022 年秋季学期我和我的部分学生结课留念照

2　运动改造大脑

在清华体育课堂上，我会向学生推荐好书，推荐书目包括：刘波、乔凤杰、刘璐璐的《踵事增华：马约翰体育思想的实践、传承与创新》；杨文轩、陈琦的《体育原理》；约翰·赫伊津哈（Johan Huizinga）的《游戏的人》；约翰·瑞迪（John Ratey）、埃里克·哈格曼（Eric Hagerman）的《运动改造大脑》；蒂姆·S.格罗弗（Tim S. Grover）和莎莉·莱塞·温克（Shari Lesser Wenk）的《野蛮进化》；等等。

《踬事增华：马约翰体育思想的实践、传承与创新》从马约翰的生平着手，以马约翰的著述文章和体育实践为蓝本，深度解读马约翰体育思想的基本内容和主要特色，全面呈现了马约翰执教清华期间及他离世后，清华百年体育事业的思想源起、实践探索、优势特色、发展创新等，涵盖了清华体育的课程体系、群众运动、竞技体育、奥运情怀等方面。本书解码清华体育历久弥新的奥秘，马约翰影响下的清华人重视体育、热爱体育、强化体育的实践、传承与创新跃然纸上。

《体育原理》的内容涉及体育概念、体育本质、体育目的、体育过程与规律、体育途径、体育手段、体育评价、体育科学、体育文化、体育体制和体育发展趋势。本书运用辩证唯物主义和历史唯物主义就体育基本问题展开深入的研究，字里行间闪烁着作者敏锐的思维、开阔的视野、独到的观点及对体育原理研究的深厚功底。

《游戏的人》是第一部从文化学、文化史学视野多角度、多层次研究游戏的专著，阐述游戏的性质、意义、定义、观念、功能及与诸多社会文化现象的关系，把游戏理论与一切制度的发展联系起来。

《运动改造大脑》是由哈佛大学医学院副教授瑞迪花费多年心血写成的，他把潜心钻研的实验研究打造成一本畅销书。瑞迪说："运动是天然的健脑丸。以前我们常通过药物的方式治疗精神疾病，如抑郁症、ADHD（Attention Deficit Hyperactivity Disorder，注意缺陷多动障碍），而现在我更倡导用运动的方式强化大脑机能。对正常人来说，同样适用，运动可以让你更聪明！"[1]

---

[1] 瑞迪，哈格曼. 运动改造大脑[M]. 浦溶，译. 杭州：浙江人民出版社，2013.

▶ 不一样的高校体育教学：一名体育教师的探究笔记

　　《运动改造大脑》中引言的标题是"一个高中体育课的奇迹"，指的是一个美国高中的实验——"零点体育课"。"零点体育课"是指一种通过运动提升学生的专注力，为一天的学习做好准备的新型体育课程。该课程因被安排在第一节文化课之前而得名。"零点体育课"实验的目的是希望确定上文化课之前进行大量的体育锻炼是否能提高学生的阅读能力和其他学科的学习能力。最新的研究支持这种观点。研究表明：运动给身体提供了某种独一无二的刺激，而这种刺激为大脑创建了一种环境，这种环境使大脑能够做好准备，愿意且有能力去学习。

　　这种研究结果在我的课堂上得到了验证。近几年，我的体育课——街舞选修课常常被安排在早上8点的第一节课。经过调查问卷了解到，所有学生都认为，第一节体育课提高了他们一整天的学习效率，在体育课后的其他课程中，他们能更加专注，注意力更加集中。有的学生还表示，其他课程因第一节体育课的影响而变得更加有趣。《运动改造大脑》中提到运动的益处：运动不仅可以促进骨骼生长、增强免疫力、强健心血管系统、调节能量、提高动机、帮助减肥减脂、延缓衰老，还可以有效减轻焦虑感、对抗成瘾、缓解慢性压力的影响、促进神经可塑性、预防大脑退化。运动可以提高大脑记录和处理新信息的潜能，使人的注意力更加集中；运动还可以增加内啡肽，调节神经递质，促进多巴胺分泌，从而改善情绪和幸福感。在双重作用下，运动有助于缓解和预防抑郁症。因此，运动不仅能够改善身心健康，还能够带来意想不到的益处与惊喜，这些益处均已通过科学研究得到了证实。

　　传奇私人训练师格罗弗在20年内改写了乔丹（Jordan）、科比（Kobe）和韦德（Wade）等众多球员的命运。他们的训练，只有20%是身体和技术上的打磨，80%是心智层面的锤炼和精神力量的锻造。在《野蛮进化》中，格罗弗首次公开多年来的训练方法，解密"野蛮进化13法则"，教人们如何强化直觉从而实现雄心，如何掌控环境及察觉对手的弱点并给予其致命一击。本书披露大量 NBA（National Basketball Association，美国职业篮球联赛）不为人知的故事，穿透顶级运动员的灵魂，不仅展示他们如何自我超越，还尝试教会人们如何将这些法则用于工作和生活。

学生阅读相关的体育类书籍是一种很好的体育课内外延伸途径。阅读有助于学生更好地了解体育背后的科学、故事、文化和精神。体育课不仅要实现技巧的进步和体能的提升，还承载着深厚的科学内涵、丰富的历史文化及人文精神等。通过阅读体育类书籍，学生能够丰富书中揭示的体育背后的精神力量和价值观。这使学生可以更深入地理解体育的意义和价值，从而更加珍视和热爱体育运动，同时重新审视生命的意义。此外，体育类书籍还可以帮助学生拓宽视野，了解不同国家和地区的体育文化、特点、内涵。体育是一种全球性的语言，它能够跨越国界和文化的障碍，促进人们的交流与理解。通过阅读关于国际体育赛事、不同国家的体育运动和运动员的书籍，学生可以了解到世界各地的体育文化特色，增进对不同文化的理解和尊重，为成为拥有全球竞争力的顶尖人才打下坚实的基础。

每个人的天赋都在血液里流淌，等待释放。运动起来，一切都会变得更美好。我们与学生一起运动、一起阅读，并积极地探讨和钻研书中的内容，思考与行动相结合，理论与实践相结合，其乐无穷。

3 清华体育精神永放光

什么是清华体育精神？清华体育有着优良的传统和历史背景，可以追溯到清华建校初期。1912 年，周诒春出任清华副校长，确立了"德智体三育并重"的方针，使清华成为中国最早设立正规西式体育的学校之一[①]。1919 年，《清华一览》

---

① 丰捷."为祖国健康工作五十年"——清华大学传承体育精神的思考[N]. 光明日报，2008-01-02（10）.

▶ 不一样的高校体育教学：一名体育教师的探究笔记

"体育课程"篇章中明确规定，体育不及格者不能毕业。1931年出版的《国立清华大学二十周年纪念刊》所刊《清华二十年来之体育》一文阐述了清华的"强迫运动"法[①]。1957年11月29日，时任清华大学校长的蒋南翔面对已经76岁高龄却依然面红身健的马老时表示，每个学生都要向马老学习，争取毕业后工作五十年。从此"争取至少为祖国健康工作五十年"成为清华体育精神的代言。

谈清华，必谈体育；谈清华体育，必谈马约翰。马约翰是中国近代体育史上的著名体育教育家，是中国体育界的一面旗帜，是清华体育历史上标志性的人物，他的论著《体育的迁移价值》是清华开展体育工作的理论指导。马老在论文中指出，在体育运动中产生的优秀品质是可以迁移到日常生活中的，体育是培养优秀公民最有趣、最适当和最有效的办法。在工作和生活中，马老以身作则，和学生们一起锻炼，对锻炼方法加以指导。他经常教诲运动员们："球可输，体育道德不能输。""对外比赛不必先把输赢放在心上，只希望把我们的技术全部施展出去。"马老曾说："体育运动的教育价值，不只限于运动场上，而且能够影响整个社会。"[②]他的著作和言行体现出"提体趣，树体德"，体现出爱国主义精神、运动员精神、公平竞赛精神，这也是清华体育精神的真实写照。

《光明日报》（2008年1月2日10版）刊登的《清华大学传承体育精神的思考》中指出，改革开放以后，清华大学提出"育人至上、体魄与人格并重"的体育教育观，制定发展规划，将体育纳入了学科建设的轨道。"清华的体育教育观是清华大学爱国传统的体现。"时任清华大学党委书记的陈希一语中的，"爱国主义是清华精神的主旋律，也是贯穿清华体育的灵魂。"[③]清华师生的体育锻炼总是与救国、强国、建设国家联系在一起的，在开展体育锻炼、加强体育工作时心存祖国、心系祖国，为祖国工作，是体育教育和体育锻炼的最终目标取向。

---

① 冯茵. 清华历史上的体育锻炼[EB/OL].（2017-04-21）[2024-08-20]. https://www.tsinghua.edu.cn/info/1661/55999.htm.
② 张斌, 谷晨. 体育的迁移价值及影响它的教育因素——读马约翰《体育的迁移价值》[J]. 体育文化导刊, 2005（6）: 62-63.
③ 陈希. 在清华大学体育工作会议闭幕式上的讲话[EB/OL].（2006-04-14）[2024-08-20]. https://www.tsinghua.edu.cn/info/1948/76227.htm.

进入新时代,"无体育,不清华"曾是2014年春校研会体育部的微信群名,是体育部一群机智的小伙伴头脑风暴后的家园产物。2014年9月,为迎接2014级的研究生新生入学并开展2014年研运会的官方宣传工作,向广大新生传播清华体育精神,校研会体育部绞尽脑汁,制作了轰动一时的清华体育精神动画《无体育,不清华》。从此,这个口号走进了公众的视野。"无体育,不清华"是学生们感受到的清华所具有的一种特殊的校园文化,它是以"体育的迁移价值"为理论基础,以"为祖国健康工作五十年"为学习、工作目标,以"育人至上,体魄与人格并重"为教育理念,在校园里逐步形成的一种氛围,潜移默化地形成了学生们和老师们可以感受到的一种文化。

清华体育有《体育的迁移价值》的理论指导,有"为祖国健康工作五十年"每名清华人都在为之努力的奋斗目标,有"育人至上,体魄与人格并重"这一清华新时期的体育教育观,有由清华学生自发喊出的"无体育,不清华"这一具有时代特征的口号,同时是新时期清华校园文化的重要组成部分。新时期,清华还有贯穿本科4年的体育课程体系、50多个课项,重视长跑、恢复新生第一堂体育课、恢复"不会游泳不能毕业"的老校规、形成"马约翰杯"课外竞赛体系、举办校园马拉松、自主招生增加体质测试环节、发挥体育代表队的引领作用、加强体育学科建设是清华发展体育的举措和实践。清华体育精神伴随着每代清华学子的成长,是清华人身上永远的标签。从体育锻炼和竞赛中迁移出来的人格、道德、品质,促使清华人在各自的事业上拼搏奋进、创造辉煌。实际上,清华体育精神也是清华精神的内核之一。

2021年7月,时任清华大学党委书记的陈旭在《影响我人生的清华体育》一书的序中写道:在清华办学的110年历程中,体育老师发挥了重要的作用……清华学子牢记"争取至少为祖国健康工作五十年"的口号,努力拼搏、积极工作,无论遇到什么困难和挑战，都永葆体育带来的永不言败、战胜自我的信念，迎难而上、勇往直前。[①]由此可见，清华体育精神是个人健康与祖国发展紧密结合的体现，是将个体的自然属性与社会属性有效结合的一种理念，它强调体魄与人格的协调统一，是培养人格健全、身体健康、能够有效服务于社会的有用人才的精神力量。

2021年，时任清华大学校长的邱勇在庆祝清华大学建校110周年大会上做主题为"自信从容迈向未来，自强创新不辱使命"的致辞。他说："清华大学秉持自强不息、厚德载物的校训，深化改革、加快创新，各项事业欣欣向荣，科研创新成果与国家发展需要丝丝相扣，展现了清华人的勇毅和担当。""清华人最大的自豪，就是用自己勤劳的双手建设祖国壮美的事业；清华人最高的荣耀，就是把自己奋斗的足迹印刻在民族复兴的伟大征程上。""自强是清华人的精神底色，创新是清华人矢志不渝的追求。要自强，必创新；唯创新，才自强。"[②]字字铿锵有力，句句振奋人心。

到底什么是清华体育精神？我无法用准确的词句来定义，也许没有最准确的词句能定义它，但这种精神与中国精神、民族精神有共同的语言、共同的觉悟、共同的理想，源自让世界更和谐、更美好的目标，是真正的中国人所应具有的精神。它是众志成城、共克时艰的强大凝聚力，是迎难而上、自强不息的英雄气概，是把握未来、锐意进取的坚定意志，是豁达开放、担当责任的宽广胸襟。清华体育精神是清华人心中永远的灯塔，它将照亮我们为实现中国梦而努力奋斗的前行之路。

清华大学体育部东大操场西看台前的"为祖国健康工作五十年"口号标志如图3-1所示。

[①] 陈旭. 清华体育精神伴随我们一生[J]. 水木清华，2021（4）：56.
[②] 曲田，田姬熔. 庆祝清华大学建校110周年大会隆重举行[EB/OL]. （2021-04-25）[2024-08-20]. https://www.tsinghua.edu.cn/info/1173/83533.htm.

图 3-1　清华大学体育部东大操场西看台前的"为祖国健康工作五十年"口号标志

4　感受清华体育之美

2024 年是我在清华度过的第 21 个年头，作为一名体育教师，我在美丽的清华园里不断地成长，不断地感受清华体育之美。

现代奥林匹克的创始人顾拜旦（Coubertin）在《体育颂》中赞叹："啊，体育，你就是美丽！……可以使人体运动富有节律；使动作变得优美，柔中含有刚毅。"[1]古里奥尼斯（Goulionis）说："体育是运输美德的搬运工。"[2]体育教师是体育之美的传播者，让学生发现体育之美，感受体育之美，创造属于自己的体育之美。

在体育教学课堂方面，我会引领学生感受体育科学之美。在体育科学领域，思想、方法、器材日新月异，在深刻理解、认真研究之后，我适当将其引入课堂，结

---

[1] 熊斗寅. 顾拜旦《体育颂》在我国的发现与传播[J]. 体育文化导刊，2001（5）：45.
[2] 王结春，刘欣然. 搬运美德：古希腊体育文明的理解——古里奥尼斯体育思想评介[J]. 安徽师范大学学报（自然科学版），2016，39（1）：93-98.

合学生的特点，有的放矢地应用最新的科研成果，引发学生批判性的思考。

在体育教学评价方面，我会用经典的实验测试方法，通过对比实验研究的方式检验体育课的教学效果，这不仅能鲜明地表明科学的精准导向作用，还能进一步调动学生思维，激发学习冲动，激励学生坚持科学训练。运动成绩与机体机能数据的提升，身体的日益健康与形体的优雅雕刻，让学生感受到体育的流动之美、向上之美、变化之美，令其激动不已，研精致思。

在体育教学方法方面，我会将看似复杂的身体训练科学地融入游戏之中。充分挖掘学生的想象力、创造力，让学生带着思想去运动。在体育课堂中，游戏精神无处不在。德国哲学家席勒（Schiller）说："人生的最高、最完美的境界是游戏，人只有在游戏的时候，他才是完整的人。"[①]我和学生一起体验体育游戏之美、欢笑之美、团结之美、奋斗之美。

我和学生一起被体育的各种美所折服，而体育的拼搏精神之美是一种最具震撼力的美。体育对人的精神是一种全方位的考验：它需要勇敢与坚韧，也需要果断与自信。同时，体育蕴含着追求卓越的壮志、超越自我的勇气和战胜困难的意志……这些精神之美正是推动人类不断进步的原动力。

曾有一位女生在大一的时候被分在我的啦啦操班，她一直认为自己的身材偏胖，因此感到自卑。即便对某种运动很感兴趣，她也会因为自我定位为"缺乏美感""怎么练习都不可能有进步"而打消尝试的念头。然而，体育课的魅力改变了她对这门课的看法，从避之不及变成了时时向往，每周的体育课就像专属于她的加油站，她从此一直选我的课。在接下来的三年中，她一直跟随我上体育课，从抗拒到接受，再到热爱。爱上运动之后，如今的她早已不再自卑，体型日趋完善。虽然她记动作时还是有些慢，但她明白这些并不重要。重要的是，自己因自信而美丽，生活因与体育结缘而更显美好。后来，我参加北京市青年教师教学基本功

---

① 白鹤. 体育游戏与人、社会[J]. 运动，2012（5）：155-156.

大赛，邀请她一起与我做教学展示。比赛结束后，有观众问我："彭老师，您的学生都是体育特长生吧，跳得真好，美极了。"我由衷地为她感到骄傲。

我们的学生有全运会的冠军，有学霸体育明星，也有已经毕业且运动能力超群的各行各业的领军人物，他们在强健体魄的道路上树立了标杆。"为祖国健康工作五十年"这句口号激励了一代又一代清华人积极锻炼，以实现自己的梦想，而我们的梦想又与伟大的中国梦紧密相连。

我因自己是清华大学的一名体育教师而感到骄傲。在清华，我有毅力和恒心追求自己的梦想；在清华，我充满激情与活力，而又不乏诗意与机智。今后在体育教学的道路上我会尽力朝以下两个方向努力：第一，通过体育课让学生学会对美的追求和享受；第二，让体育成为学生生活中永不熄灭的火焰。

清华体育之美是一种融合了深厚的历史传统、严谨的科学精神和激昂的青春活力的独特韵味。在清华的校园里，体育以其独有的传统和魅力深藏与永驻在每名清华人的心底。首先，清华体育之美体现在其深厚的历史传统中。无论是过去还是现在抑或是未来，清华都高度重视体育教育，将体育作为培养学生全面发展的重要手段。无论是全校学生下午集体锻炼的场景，还是黑夜明光烁亮的运动场地，抑或是随处可见的酣畅淋漓的运动身影，都体现了清华人对体育的热爱和坚持。这种传统不仅让学生在运动中感受到身心的愉悦，还让他们在传承中体会到了清华精神的内涵。其次，清华体育之美体现在其严谨的科学精神中。清华的体育教师不仅是体育技能的传授者，还是体育科学的研究者。他们深入研究体育科学的最新成果，将其引入课堂，让学生能够接触到前沿的体育理念和训练方法。同时，他们还注重培养学生的批判性思维，通过对比实验和教学效果测试，引导学生深入思考体育的本质和价值。这种科学精神的培养，让学生在运动中不仅锻炼了身体，还提升了思维和判断能力。再次，清华体育之美体现在其激昂的青春活力中。在清华的校园里，无论是足球场上的奔跑身影，还是篮球场上的跳跃身姿，都充满了青春的活力和激情。学生在运动中释放自己的热情和能量，展现出新时代青年的风采。这种青春活力不仅让校园充满了生机和活力,还让学生在运动中感受到了生命的无限可能。

清华体育之美是一种多元而丰富的体验。它既有历史的厚重感,又有科学的严谨性,更有青春的活力与激情。在清华的校园里,每位学生都能够在体育中找到属于自己的那份美好和感动。今日,在清华园里感受体育之美;明日,无论走向何方,我们的学生都会创造出属于自己的世界大舞台。

我在清华大学 2017 年教师节庆祝大会上作为教师代表发言场景如图 4-1 所示。

图 4-1 我在清华大学 2017 年教师节庆祝大会上作为教师代表发言场景

5 疫情也不耽误的清华体育课

2020 年,新冠疫情暴发,转眼间,已经过去好几年。回顾这几年,让人感到心有余悸。当时所有学校根据教育部的相关通知,要求师生暂不返校,学校延期开学。依据国家"停课不停学"的指导思想,全国全体师生共同努力,通过展开有序、有力、有效的线上教学,尽全力把疫情对我国教育事业的影响降到最低。大家都在讨论:在师生不出门、少出门的特定条件下,体育教学如何开展?线上体育课程如何保证教学质量?如何通过线上体育教学立德树人?如何融入课程思政？如何做到"全员育人、全程育人、全方位育人"？

2020年春季学期，面对疫情，清华大学要求全体师生"延期返校、正常教学、发挥优势、保质保量"，清华体育开创"提质增效"的云端体育教学。在严格落实学校教学方针的前提下，清华体育全面开展云教学，并做好线上与线下教学无缝对接的布置和安排。清华大学体育部总结了三句话，即"体育教学正常进行""课外锻炼要求不变""群体竞赛线上开展"。延期返校期间，清华大学"正常"上课有两层含义：一是停课不停学，即停止常规课堂教学，采用线上教学方式，不停止学习；二是延期返校不停课，即正常按课表上课。这体现出体育教学在学校教育中的地位和作用不可或缺、不能替代。

在疫情形势下，清华体育教学尽力保证教学效果的"实质等效"，力争"提质增效"。在教学内容的设置和训练项目的选择上，清华大学体育部充分考虑各运动项目的特点，按技术特点、练习难度和场地设备等将其分为三大类，即"可教可练"（如表演类项目等）、"可教部分可练"（如球类项目基础动作练习等）、"可教不可练"（必须有场地或需要专门器械才能完成的项目）。调整教学方案，充分利用现代网络资源，师生互动互促，课内外教学一体，引导学生合理运动，优化考核方案。在极端条件下，清华体育教学共开设三类云课程，即本科生体育课、研究生体育选修课、本科生体育辅修专业理论课；66位教师共在线开设430门课；所有应开课程无一延后；11000多名学生在线上体育课，出勤率接近100%（基本全勤，个别班级有1~2人因特殊原因缺勤）。除此之外，整学期依旧保持课内外紧密结合，特殊时期课外不仅仅是课内的延伸，甚至比体育课更重要，要对课外锻炼提出更高的要求，并保持一定数量的课外竞赛（每周2~3次，每次30分钟以上），以弥补课上运动量的不足，通过体育助教或打卡小程序进行统计。在云端体育教学中，线上开展群体竞赛是促进体育教育目的实现的有效途径。在线教学期间，清华大学体育部与兄弟部门合作主办了"云上体能联赛"和"云战疫"

班级趣味挑战赛。"云校庆"期间，他们举办了"云上校运会"、清华师生校友"云上体能联赛"总决赛、"云战疫"趣味挑战赛总决赛（即校友与在校生班级挑战赛）等多个"云赛事"。清华大学体育部针对"在线体育课教学效果"的调查结果显示，在线体育教学取得了较为满意的教学效果。在被调查的1506名清华大学本科生中，59.63%的学生认为线上体育教学对自己有较大的帮助，既能保持良好的体能水平，又能很好地平复疫情期间的焦虑、烦躁等情绪。2020年春季学期的疫情期间，清华大学体育部全力以赴采用多种措施和手段开展云端体育教学，实现了体育教学"提质增效"的教学目标，圆满甚至超额完成了教学任务，使学生以良好的状态迎接返校。

2022年春季学期的下半学期，即共16周的学期，已经到了12周，北京突遭疫情，我们接到通知，学生不离校，教师不入校。在严格遵守校纪校规的情况下，体育课再次回到线上，不同的是，上次学生们在家，这次学生们在学校，老师们在家。清华大学体育部针对体育课程考核编制了各种方案。

方案一：如果第15周或之前能恢复线下教学，则期末测试正常进行。

身体素质测试评分标准不变，专项考试环节适当降低评分标准。若课上考试时间不足，则教师会与学生沟通，利用课余时间或周末完成所有考试内容。

方案二：如果第16周恢复线下教学或本学期无法恢复，则将调整测试要求。

调整考核项目设置及比例，降低素质考核项目比例，增加"2+1"课内外锻炼打卡。希望通过降低素质考核项目比例，增加锻炼次数，从而减轻压力、舒缓焦虑。

清华体育在面对突发情况时，处理问题的信心和决心、解决问题的决策和应对，都让身在其中的我们深受感染和鼓舞。清华大学体育部所有教职工全力投入，全面配合，高效完成体育教学任务。这正是清华体育精神与课程思政的完美呈现。

6 新生体育课的新气象：第一堂体育课上什么

每年9月，清华大学迎来新生，新生们也迎来第一堂体育课。约3500名大一新生齐聚一堂，与学校全体体育教师面对面，聆听清华人的体育故事，了解清华体育的内容和要求，体会"无体育，不清华"的体育传统与体育精神。清华大学第一堂体育课的历史久远，我国著名体育家马约翰先生在清华任教期间就曾开设第一堂体育课，在新生入学时专门为他们解读清华体育传统和体育精神，并亲身示范，讲解清华体育的要求。自2014年起，清华大学恢复新生第一堂体育课。

第一堂体育课是大课，约有3500名本科新生共同参与，让大学生一起感受清华体育的第一扇窗。然而，正式开课之后，新生的第一堂体育课往往是体育理论课。同一窗口的学生一起上大课，人数为300~500人。讲课内容包括清华体育传统、体能训练理论及体育课的要求等。

鉴于新生入学的基本情况、对体育的认识、运动基础水平及其运动需求和表现特点，大一体育课让学生从了解到感受再到深刻体会最后到践行清华体育德智体美劳"五育一体"的全面发展。在第一堂体育课上，清华体育给学生带来的心灵碰撞是巨大的，甚至可以说是震撼的。在这里，他们会因体育而重启他们的人生，会因体育而腾飞。

我给新生上体育理论课场景如图6-1所示。

图 6-1 我给新生上体育理论课场景

7 体育慕课锦上添花

慕课即大规模开放在线课程（Massive Open Online Course，MOOC），是"互联网+教育"的产物，是新近涌现出来的一种在线课程开发模式[1]。慕课一般有以下特点。

（1）大规模：不是个人发布的一两门课程。

（2）开放课程：只有开放的课程，才可以被称为慕课。

（3）网络课程：不是面对面的课程；课程材料发布于互联网上；学习者的上课地点不受局限，无论身在何处，都可以享受一流课程。

清华大学的体育慕课目前有足球、短跑、轮滑这几门，我也在努力尝试用慕课的方式给我的课锦上添花。2022年，我向学校申报了一项慕课制作，名为"舞动健身"。我的慕课从健康的角度出发，通过独特的身体舞动方式达到科学健身的目的。目前正在准备中，期待早日与大家见面。

---

[1] 邓宏钟，李孟军，迟妍，等."慕课"发展中的问题探讨[J]. 科技创新导报，2013（19）：212-213，215.

自从新冠疫情暴发，我们更加重视身心健康。中国工程院院士、天津中医药大学校长张伯礼说："实际上，我们得这病是病毒和人体免疫力博弈斗争的结果，往往病毒胜了，人就得病了。所以把抵抗力提高了，往往就不容易被感染，即使感染也是轻的。"一场疫情，刷新了我们对健康的认知。原来人类最大的竞争力不是学历，也不是能力，而是免疫力。健康不仅仅是第一，更是唯一。疫情让我们明白：无论是现在还是未来，身体健康都是一切的基础，是最重要的。我们要重新认识生命，认识健康的重要性。

"舞动健身"课程是在当今人们对身心健康再次高度重视和渴望的背景下构思的。该课程以街舞的基础运动形式为主要载体，严谨细致地将科学健身的理论与实践进行融合与全新解读。尤其具有特色和创意的是，该课程用舞动的方式科学健身，每节课讲解几个动作、理念或方法，内容科学有效、简练清晰，易于上手。这样的设计使运动不仅科学实用、简单有效，还充满趣味，便于坚持。"舞动健身"课程是清华大学街舞选修课的补充和延伸，通过在线开放课程的建设，实现学生学习的线上线下融合、课内外结合，通过钻研与传承、创新与突破，我们希望学生真正能够在学校体育教育中享受乐趣、增强体质、健全人格、锤炼意志。在课程建设过程中，我们尽全力争取实现"三全育人""五育并举"。

"舞动健身"课程计划分为三个部分，共 16 节课，每节课约为 30 分钟。希望通过这门线上课程，促使课程学习者的思想和身体都能够科学地动起来。有了健康，我们才会拥有其他一切的基础。在新时代，"舞动健身"帮助我们增强抵抗力，改善自我，收获健康，促进全面发展，同心共创更美好的生活。

"舞动健身"课程的具体内容框架如下。

第一部分：舞动健身的理念（共有五节）

　　第一节：我们的教学理念

　　第二节：街舞知识 ABC

　　第三节：舞动神奇的人体动力链

第四节：舞动的模式

第五节：舞动的力量

第二部分：舞动健身的实践篇（共有七节）

第六节：舞动颈部

第七节：舞动肩部

第八节：舞动髋部

第九节：舞动腿部

第十节：舞动踝关节

第十一节：舞动全身（一）

第十二节：舞动全身（二）

第三部分：舞动健身的进阶篇（共有四节）

第十三节：舞动健身之躺瘦的秘密

第十四节：舞动健身之防伤防病

第十五节：舞动健身之形象优化

第十六节：舞动健身之总结

希望这16节慕课能带给大家不一样的理念与实践，使大家获得不一样的健身体验，而留给大家的是一样的健康和魅力。

8 立体化教材高效助力

我一直想出版一本教材，体现科学、实用、前沿。2019年的暑假，我有幸阅读到一本书——《尼采治焦虑》。此书汇集了99句德国哲学家尼采的哲学箴言，是一本充满智慧的自助书籍，充满启发性与希望，适合试图从最具影响力的哲中寻求灵感的读者，让人能够对抗当下的焦虑与恐惧。作为一名高校体育教师和心理学爱好者，当翻开此书第一页的时候，我就萌发了要写一本心理与运动相结合的书的想法。《尼采治焦虑》这本书给了我极大的启发，于是，就有了《重塑美好身心——每日10分钟高效愉悦健身》的雏形。

《重塑美好身心——每日10分钟高效愉悦健身》完稿后，我第一次成功申请到清华大学文科出版基金。后来，出版社老师看完书的内容，跟我深聊了一次，他们决定把书打造成字、图、视频三位一体的立体书，真心感谢各位老师对我的莫大鼓励和支持。

这本书的每个小节都以尼采的一句格言作为开头，并配有与运动相关且画龙点睛的解读。尤其具有特色和创意的是：这本书从格言中提炼每天锻炼的科学方法与合理技术，每天一个或几个动作、方法或理念，科学有效、简练清晰、易于上手，让运动不仅有科学的演绎，还有哲学的升华。这是体育与哲学相结合的创新及探索。用哲学理论启发心灵的思考与每天合理的运动相结合，身心愉悦，达到身心健康与平衡的最高境界。今天，增强自身抵抗力不仅是保护自己，也是保护全人类。

这本书是尼采的哲学与体育运动的结合，从尼采精辟的哲学理念出发，从系统论的层面，让读者建立哲学、心理及体育运动的整体观、大局观，为身心健康的终身体育奠定基础。

这本书的内容可分为以下两个部分。

第一部分从尼采著作中提取30则智慧箴言，帮助读者解决压力与困扰，拯救盲目与幻觉，治疗焦虑与绝望，消除压力。此部分的精髓是鼓励人类日渐向上。简短的每日哲学帮助读者在彷徨无助时做出抉择，重新回到自己的轨道。让读者把哲学运用在治疗思想及日常生活中。

第二部分讲解科学的系统体育运动的相关理论和实际操作方法，将技术动作与运动理论相结合。此部分从认识自己的身体开始，使读者熟悉体能素质的基本构成，并学会每项素质的训练理论和训练方法；同时学会科学的准备活动和整理活动，避免在体能训练的过程中受伤；介绍瑜伽等愉悦身心的健身项目。此外，这本书从身心健康角度入手，用前沿的科学理论解释与学习生活息息相关的一些健康知识，包括如何科学减脂，如何缓解身体部位的疼痛（如颈部、腰部等），如何缓解压力，以及如何应对和缓解类似疫情等突发情况带来的焦虑等。

这本书的两部分内容并非分割，而是交汇融合的，是你中有我、我中有你的有机结合。这本书着重培养人们在体育锻炼方面的系统性思维，形成体育与哲学和心理相结合的理念，找到适合自己的思考方法，形成对体育学科的科学观，并以此类推到其他社会学科，为自主性锻炼奠定意识基础，为终生身心健康保驾护航。这本书最大的优势是帮助读者形成对自身身体的正确认识：认识自身身体、发现差异、接纳差异、寻找发展方向、找到适合的方法、制订计划、坚持完成。

这本书分为七个章节、30个小节，每个小节都包括心灵的唤醒、运动理论与实践，通俗易懂，重塑美好身心，实现每日10分钟高效愉悦健身。每天进行10分钟左右的阅读和运动，简单易行，便于坚持，这种力量不能小觑。这本书可以随身携带，随手翻阅。随时动起来，感悟思想，感悟身体，感悟人生。无论是思想还是身体，动起来，我们的世界就大不同。愿这本彩色的立体书点燃学生心中的那团火，燃起他们充满激情的灵魂，改善自我，改变世界。

这本书能帮助教师和学生实现体育教学的五个领域目标。

（1）运动参与目标：积极参与各种体育活动并基本形成自觉锻炼的习惯与终身体育的意识；能够编制可行的个人锻炼计划；具有一定的体育文化欣赏能力。

（2）运动技能目标：熟练掌握两项以上健身运动的基本方法和技能；能科学地进行体育锻炼，提高自己的运动能力，预防伤病；掌握常见运动创伤的处置方法。

（3）身体健康目标：能测试和评价体质健康状况，掌握有效提高身体素质、全面发展体能的知识与方法；能合理选择人体需要的健康营养食品；养成良好的行为习惯，形成健康的生活方式；具有健康的体魄。

（4）心理健康目标：根据自己的能力设置体育运动目标；自觉通过体育活动改善心理状态、克服心理障碍，养成积极乐观的生活态度；运用适宜的方法调节自己的情绪；在运动中体验运动的乐趣和成功的感觉。

（5）社会适应目标：表现出良好的体育道德和合作精神；正确处理竞争与合作的关系。

这本书中配有科学运动的图片与视频供读者参考和练习，希望这本立体化教材能为学生的身心健康高效助力。

9 翻转课堂带来意想不到的惊喜

体育也有翻转课堂？当然，而且必须有。翻转课堂指让学生按照自己的学习进度在家学习，然后在课堂上与老师和同学一起解决疑问。翻转课堂给新时代的体育课注入了新的活力，不仅简单易行，还在很大程度上调动学生的积极性、主动性和互动性，提高学习效率，促进学生创造力的发展。

泰戈尔认为：不要用自己的学识限制孩子，因为他出生在与你不同的时代[1]。柏拉图认为：教育的基本原理在于，使人们在孩提时代就建立起良好的思维体系[2]。教育无须强迫，也不能强迫，更无法强迫。任何填鸭式的教育方式只会让人们头脑空空、一无所获。只有在早期教育中融入寓教于乐的成分，我们才能更快地发

---

[1] 张金磊，王颖，张宝辉. 翻转课堂教学模式研究[J]. 远程教育杂志，2012，30（4）：46-51.
[2] 高秉江. 柏拉图思想中的光与看[J]. 华中科技大学学报（社会科学版），2013，27（3）：36-41.

现学生的兴趣所在。不给学生设限，寓教于乐，给学生的创造力腾出空间。我的翻转体现在提前通过慕课或线上各类资源，让学生学习我讲课涉及的体育理论，给他们提供"洞穴"场景，使其先有独立思考的空间，然后我会在课堂上提问，也让学生提问，可以天马行空，充分发挥想象进行头脑风暴；同时，我会在课堂上给学生提供"水源"场景，即讨论交流的平台；随后，我用"萤火"场景讲授分析，或答疑解惑，或共同探讨，通过理论与实践的结合，在实践中继续思考、讨论、分析、交流，然后再实践。给学生留出足够的时间与空间，能够培养他们的创新思维，会有越来越多的学生懂体育、爱体育。

10 健康管理平台帮助每位学生管理好自己的健康

在清华，想要实现教学上的一些设想和改革，可以通过申请学校的教学改革项目来得到支持。我通过申请学校的教学改革项目，建立了清华大学学生健康管理平台，目标是帮助每位学生管理好自己的健康。

大学生是祖国的未来，肩负着建设国家的重任，是国家可持续发展的动力，也是社会结构的重要组成部分。他们的健康与否不仅影响着自身的学习、工作、科研，还关系着整个社会的健康发展。大学生作为一个特殊群体，在身体形态、生理发育、心理发展等方面存在一定的弱势。通过体育教学，帮助他们树立终身体育观，掌握和运用科学的体育锻炼方法，激发对体育运动的兴趣，促进良好体育锻炼习惯的养成，为终身体育打下坚实的基础。建立大学生体质健康管理服务体系，不仅可以提高大学生的体育参与度和体育兴趣，还可以帮助他们养成良好的体育运动习惯，进而为他们树立终身体育观奠定基础。

1. 清华大学学生健康管理平台主要解决的教学问题

（1）解决学校体育课程在跨学科交叉融合领域研究匮乏，缺少示范案例，致使体育教师相关研究思路不清、信心不足的问题。

（2）解决大学生体质不容乐观且没有得到很好的管理的问题。在我国，对大学生体质健康管理的研究较少，亟须解决大学生体质健康管理研究缺乏和不系统的问题。

（3）解决"教会、乐学、勤练、常赛"的问题，全面提高体育课程教学质量。基于网络交互探索和实践的新时代创新性高校体育教学新模式，通过"教师与助教联合""云端与课堂联动""原理与实操联结""教学与科研联璧"（"四位一体"）的教学方式，有效培养体魄健康、人格健全的新时代人才，提升新时代青年人的综合素质，激励和鼓舞大学生接续奋斗的信心，为中国梦的实现凝聚青春力量。

2. 清华大学学生健康管理平台解决教学问题的方法

（1）以清华部分大学生为研究对象，深入探讨当前大学生的体质状况，评估他们对科学健身知识的了解程度，以及这些知识的掌握如何影响他们的体育参与行为。进一步分析不同类型的体育参与活动对大学生体质的具体作用与效果，旨在识别哪些体育形式或活动组合能更有效地促进大学生体质健康水平的提升。在此基础上，探索如何对大学生体质进行系统性管理，包括实施长期跟踪监测机制，定期收集并分析体质数据，以此为依据进行科学的评估。通过这一过程，我们能够及时发现体质变化的趋势与潜在问题，并据此制定个性化的干预措施。此外，我们还将致力于优化健康资源的合理配置与利用，确保大学生能够便捷地获取促进其体质健康所需的各类资源与服务。采用这一系列综合方法，旨在促进大学生群体达到并保持最佳健康状态，为他们的全面发展奠定坚实的体质基础。

（2）大学生体质健康管理研究涉及体育社会学、公共健康学等学科，是全新的研究领域。在理论上，对清华大学学生的健康发展进行深入阐释和分析。在实践中，以体育课、课外辅导、微课、线下课等形式，推出一系列适合大学生的体育健身课程，全面分析大学生体质健康，系统化、科学化大学生体质健康管理，为中国大学生体质健康作出贡献。

（3）通过对清华大学学生健康及其管理进行定量和定性研究，制定有效的健身课程指导和健康跟踪方案，提供大学生健康数据，进而提高大学生的健康水平，填补我国大学生健康管理平台的空缺，为中国大学生健康发展作出贡献。

3. 清华大学学生健康管理平台的主要成果

清华大学学生健康管理平台能够对大学生的形态结构、生理功能、心理发展、饮食习惯等进行全面的检测、分析、评估、干预和维护。通过价值塑造、科学指导、知识传授和体育参与等手段，促进大学生健康发展并达到最佳健康效果。

4. 清华大学学生健康管理平台的创新点

（1）模式创新：构建高校新时代创新性体育教学模式，开发新时代高校体育"教会、乐学、勤练、常赛"的新形式，形成"四位一体"的体育教学方式，打造基于网络交互探索和实践的教学新模式，全面提高体育课程教学质量。

（2）方法创新：创造性地建立清华大学学生健康管理平台。只要大学生在平台上填写信息，就可以对其进行终身健康管理，包括身体健康、心理健康及饮食健康等。清华大学学生健康管理平台把握时代脉搏，落实顶层设计，遵循使命要求，在传承的基础上开拓性地建构新时代创新性体育教学方法。该平台的建设是高校一流本科课程"两性一度"（即提升高阶性、突出创新性、增加挑战度）的迫切要求，是培养全面健康的高校人才的必要条件。

（3）理论创新：健康管理的理念和理论融入高校体育教学，是国内体育教学领域的新时代创新，是新时代对历史的传承与革新，在全国起到引领和示范作用，为兄弟高校体育教学改革提供了经验和参考。

5. 清华大学学生健康管理平台的建立过程

（1）通过大学生体质健康研究的文献分析了解其体质健康状况。2019年9月，教育部公布了第八次全国学生体质与健康调研结果。结果表明，2019年，全国6～22岁学生体质健康达标优良率为23.8%；2014—2019年，大学生体质健康达标优良率只增长了0.2个百分点。青少年的近视与肥胖问题、大学生的体质健康水平下滑问题仍然没有得到有效的解决。《中国国民心理健康发展报告（2021—2022）》显示，中国青年是抑郁症高风险群体，18～24岁年龄组的抑郁风险检出率达24.1%，显著高于其他年龄组。通过总结分析大学生体质健康研究的相关文献，梳理出当代大学生在身体形态、身体机能和身体素质三个方面存在的重点问题。在身体形态方面，大学生的体重增长幅度大于身高增长幅度，呈现超重与肥胖率持续增长的趋势；在身体机能方面，大学生台阶试验和肺活量测试优秀率呈逐年下降的趋势，不合格的比例呈逐年上升的趋势，说明大学生的心血管系统机能下降；在身体素质方面，大学生的握力、背力、闭眼单脚站立等相关指标数据下降明显，绝对力量、爆发力、平衡能力水平呈持续下降趋势。

我国高校大学生体质健康水平呈下降趋势，身体形态、身体机能和身体素质均不令人满意。对于我国高校大学生体质健康方面存在的问题，需要深入分析原因，并在体育教学中找到相应的解决方案。

（2）通过大学生体质健康研究推动其体质健康管理实践。通过在体育教学中引入大学生体质健康研究，调查大学生的体质现状、科学健身知识的掌握、体育参与对他们体质增强的作用和效果，明确何种类型的体育参与能更好地增进大学生的体质健康，并对其体质进行管理，长期跟踪、检测、分析、评估、干预和维护，通过合理利用健康资源达到最佳健康效果。

在大学生体质健康研究基础上，在体育教学过程中开展大学生体质健康管理的实践。将研究中的大学生体质健康档案、体育锻炼指导及健康知识应用在体育教学实践中，从而为建立和完善大学生体质健康管理体系奠定基础。

健康管理分为四个基本步骤：第一步是了解健康状况；第二步是对身体健康状况及可能出现的风险进行分析与评估；第三步是进行健康干预；第四步是在干预后再次进行分析评估。健康信息的收集、整理及归档是健康管理的初始阶段。健康信息的分析与评估建立在健康信息收集和汇总的基础上，并为健康干预指明干预方向。健康干预指根据身体测试数据预判可能出现的健康情况，并进行针对性的健康指导和体育锻炼指导，以达到预防及维护个人身体健康的目的，甚至能降低疾病的发生概率。

根据清华大学学生健康管理平台的健康数据，给学生提供有针对性的运动处方。"运动处方"一词是从医学处方延伸而来的，是根据学生的年龄、性别、健康状况、身体素质、心血管与运动器官的功能状况，结合主客观条件，用处方的形式制订适合学生的运动内容、运动强度、运动时间及频率，并指出运动中的注意事项的个体化健身指导方案。运动处方是一种针对性强、目的明确、经过选择和有控制的运动疗法，旨在促进锻炼频率的提高，从而达到预防疾病和增强身体素质的效果。

健康教育是通过课堂内外的体育教学形式实现的。举行有计划、有组织、有系统的社会教育活动，使大学生自觉地采纳有益于健康的行为和生活方式，消除或减少影响健康的危险因素，预防疾病，促进健康，提高生活质量，并对教育效果做出评价。实践上以体育课、慕课、微课、线下辅导等形式，推出一系列适合当前大学生的体育健身课程。

（3）构建大学生体质健康信息管理系统。大学生体质健康管理是对大学生个体或群体的生理健康和心理健康进行全面监测、分析、评估，提供健康咨询和指导并对健康危险因素进行干预的全过程。在体育教学过程中，构建电子化的大学生体质健康信息管理系统，可以为每位参与体育课堂教学的大学生建立电子健康档案。该电子健康档案不仅给大学生开展体质健康管理提供了平台工具支撑，使体质健康管理数据电子化、结构化、标准化，还可以用来开展大学生体质健康管理的相关研究，数据量积累到一定体量后，能采用相应的大数据算法，为平台上实施体质健康管理的大学生提供基于大数据的精准运动处方。

清华大学学生健康管理平台为把大学生体质健康管理融入体育教学中提供了保障，同时为体育教学和科研一体化提供了工具。

6. 清华大学学生健康管理平台的功能特点

（1）多源数据采集通路与人机交互。清华大学学生健康管理平台能够提供教师录入数据或批量导入数据端口，并且能够根据需求配置推送表格，自动化、精准、按时地将需要调查的表格推送给目标大学生。大学生填报自己体质健康数据并提交后，平台能够根据提交数据，采用合理的算法并得出结果，对应给出相应的运动处方等信息，实现个性化的干预指导及常规化的健康教育，为进一步的分析研究积累数据。

多源数据采集通路改变了之前填写纸质表格后再人工录入的模式，根据体质健康数据的细分类，参与体质健康管理的大学生通过手机移动端就能提交自己的数据，并能获取相应的健康指导信息，提高了他们参与体质健康管理的积极性和互动性。

（2）将体质健康管理的四个环节有机统一。大学生体质健康管理要经历体质健康测试、体质健康评估、体质健康咨询与指导、体质健康干预四个环节，是一个长期、连续、反复的过程。学生体质健康测试后续网络服务平台基于微信公众号建立，可将大学生体质健康管理的四个环节有机地统一。

清华大学学生健康管理平台采集体质健康测试数据，并运用算法对这些数据进行处理，从而提供个性化体质健康评估报告。参与体质健康管理的大学生可以基于公众号咨询获取指导，并且查看相关的图文推送和微课，得到相应的健康干预方案指导。

（3）基于大数据算法的运动处方功能模块正在升级。科学制定出个性化的运动处方对于实现体质健康管理具有重要意义。清华大学学生健康管理平台有运动处方系统功能，但针对不同大学生开具运动处方的模块还相对粗糙。目前正在基于大数据算法升级运动处方功能模块。

基于大数据算法的运动处方功能模块借鉴临床数据交换标准协会（Clinical Data Interchange Standards Consortium，CDISC）制定的系列标准采集、存储研究数据。其中，采集体质健康管理数据遵从临床数据采集协调标准（Clinical Data Acquisition Standards Harmonization，CDASH），存储数据遵从研究数据制表模型（Study Data Tabulation Model，SDTM）的原则，针对体质健康管理领域特定数据，按照临床数据交换标准协会开发新域的流程和要求，开发体质健康管理域（Therapeutic Area，TA）标准数据模型。

基于大数据算法的运动处方相关处理流程：①数据清洗，即将相关数据整理加工成分析标准格式；②探索性分析，即分析体质健康干预因素与结局的相关性，发现有效干预因素；③相关因素明确，即对筛选出来的有效干预因素进行辨识（可能需要专家参与），明确有效干预因素；④模型建立，即根据健康结局的相关因素，使用所有数据建立模型，模型的输入为所有的相关因素，模型的输出为对当前体质健康管理对象有效的干预因素的大小值；⑤处方开具，即对任意体质健康管理对象使用运动处方模型，开具该对象的运动处方。

（4）可纵向跟踪监测体质健康数据。清华大学学生健康管理平台集数据采集、后续管理与服务于一身，展现出全面的功能特性。它不仅高效收集体质健康数据，还将数据管理与服务深度整合，为体质较弱群体量身定制必要的干预措施，确保每位大学生都能获得个性化的健康关怀。该平台内置了多个核心模块，包括数据录入、数据实时更新、数据查询，这些模块协同工作，共同构建起一个动态、精准的体质健康信息库。值得一提的是，该平台具备强大的纵向跟踪监测能力，即便大学生未来升学或步入社会，他们依然能够依托该平台持续记录并追踪自己的体质健康状况，构建起贯穿学业与职业生涯的体质健康数据链条。这一特性对于培养学生的终身体育习惯至关重要，它为学生提供了一个持续的、可依赖的数据平台，鼓励他们在不同的人生阶段都能关注并维护自己的体质健康，为终身体育锻炼习惯的养成提供坚实的数据支持与动力源泉。

（5）可根据需求配置数据采集表格。大学生体质健康表现为身体健康、心理健康及具有良好的社会适应能力。清华大学学生健康管理平台除可以根据需求轻松设置身体形态、身体机能、运动能力等方面的生理指标外，还可以自行设置大学生心理健康及社会适应相关指标，开发心理测试指标模块，对大学生体质健康进行综合统计及评价。

（6）建立通用的数据标准和模型，实现数据库资源共享。通过对既往健康数据的动态分析，可以很好地反映一个人或一个群体的体质动态变化，对指导正确的体质健康管理具有重要意义。但在现实中，大学生群体会面临转学、升学等问题，其在某个学校的健康数据不能随其所在地的变迁而转入另一个学校的健康数据库中。这给长时间动态健康监测带来不便。目前各单位采用的健康管理软件系统不同，无法实现数据共享。

清华大学学生健康管理平台初步建立的数据采集标准和数据存储通用模型，为在大数据时代背景下实现多源异构数据的融合、数据标准化的存储、数据可重用性的体现、体质健康数据价值的提升奠定基础。

清华大学学生健康管理平台运作流程：第一步，通过微信扫码进入清华大学学生健康管理平台，然后就可以加入项目；第二步，通过我设计的问卷了解大学生目前的健康水平、家庭背景、运动习惯、身体活动情况、饮食习惯等；第三步，根据问卷反馈的情况，对大学生的身体健康状况及可能出现的风险进行分析与评估；第四步，通过课上、课下、线上、线下的知识传授及体能训练等方式进行健康干预；第五步，在干预后再次通过问卷、测试等方式进行分析与评估，综合评定效果。

11 多元智能对体育教育的启示

什么是智能？什么是多元智能？多元智能理论是按照生物在解决每个问题时本能的技巧构建而成的。哈佛大学教育学家、心理学大师、多元智能理论之父霍华德·加德纳（Howard Gardner）在其经典名著《多元智能新视野》中提出人最初的七种智能：音乐智能、身体-动觉智能、逻辑-数学智能、语言智能、空间智能、人际智能、自我认知智能[1]。

多元智能对体育教育有怎样的启示？我们有时会听到伤感多于诙谐的嘲讽：摧残天赋优异而具创造力的年轻人，比鼓励他们开花结果容易得多。正因为如此，我们要尽力探索研究学生的各种能力，科学有效地帮助他们。第一个启示：要实现教育目标，就需要学生具备相应的能力。在多元智能中，一定有学生擅长与不擅长的领域，如何利用多元智能理论扬长避短、充分挖掘学生的潜力？判断一个人是否为专家，就要看他能否通过多种多样的途径，思考自己的论点和技艺。第二个启示：采用发展的方法进行教育。第三个启示：强调突出学生的个体差异。

多元智能理论对体育教育有以下深远的启示。

---

[1] 加德纳. 多元智能新视野[M]. 沈致隆, 译. 北京：中国人民大学出版社, 2012.

（1）多元智能理论强调人类思维和认识方式的多元性。多元智能理论提醒我们，体育不应仅仅局限于运动技能和体能的训练。体育教育是一个多维度的教育过程，它涵盖了身体协调、团队协作、创新思维、情绪管理等多个方面。因此，体育教师需要全面关注学生在各个方面的智能发展，而不是仅关注体育技能的提升。

（2）多元智能理论有助于发现每位学生的独特智能和潜力。每位学生都有可能在某个智能领域表现出色，而体育正是发掘和培养学生这些潜能的重要途径。例如，一些学生在运动协调方面表现出色，而另一些学生可能在策略思考或团队协作方面更有优势。作为体育教师，应该善于观察和评估学生的智能特点，为学生提供个性化的教学方案，帮助他们充分发挥自己的优势。

（3）多元智能理论强调了跨学科教育的重要性。体育可以与其他学科进行有机融合，共同促进学生的全面发展，这主要表现在以下几个方面。

体育与科学的融合：体育与生物学、运动生理学、营养学等学科的结合，能够帮助学生理解运动对身体机能的影响，学习如何科学地进行体育锻炼，预防运动伤害，并通过合理的饮食搭配促进体能恢复和提升。

体育与心理学的融合：体育与心理学的结合，特别是运动心理学，能够帮助学生培养坚韧不拔的意志品质、团队合作的精神及面对挑战时的积极心态。通过体育活动，学生可以学会情绪管理、压力释放，提升自信心和自尊心。

体育与信息技术的融合：随着科技的发展，智能穿戴设备、大数据分析等信息技术已经广泛应用于体育领域，学生可以利用这些技术记录运动数据，分析运动表现，制订个性化的训练计划。同时，线上教学、虚拟现实等技术的应用也使体育教学更加灵活多样，打破了时间和空间的限制。

体育与艺术的融合：体育与舞蹈、音乐、美术等艺术形式的结合，可以创造出独特的运动美。例如，体操、花样滑冰、艺术体操等项目就是体育与艺术完美融合的典范。通过欣赏运动员的优雅动作、节奏感、力量与和谐之美，感受体育场馆和设施的设计之美，亲历对体育运动的喜爱和追求，等等，能够提高学生的审美能力，实现体美共育、美美与共。这种融合不仅能够提升学生的审美能力和艺术修养，还能激发他们对体育运动的热爱和兴趣。

体育与人文社科的融合：体育与社会学、历史学、文化学等人文社科学科的融合，有助于学生了解体育在社会发展中的作用和价值，理解不同文化背景下的体育传统和习俗。这种跨学科的视角能够拓宽学生的知识面，培养他们的全球视野和跨文化交流能力。这种跨学科的教学方式不仅可以丰富体育教育的内涵，还可以帮助学生建立更加全面的知识体系；不仅能够提升学生的身体素质和运动技能，还能够在心理、智力、情感、社会等多个方面促进学生的全面发展。

多元化的教育模式有助于培养具有健康体魄、健全人格、丰富知识和创新精神的新时代人才。

（4）多元智能理论十分关注学生的情感和社会性发展。体育教育是一个促进学生情感和社会性发展的重要场所。通过体育活动的参与、体验和互动，学生可以学会如何与他人合作、如何面对挫折、如何管理情绪等。因此，体育教师应该注重培养学生的情感和社会性智能，帮助学生成为更加全面、健康的人。

综上，多元智能带给我们的启示是体育教育应该全面关注学生的智能发展，发掘和培养每位学生的独特潜能，注重跨学科教育，并关注学生的情感和社会性发展。只有这样，才能真正发挥体育教育在促进学生全面发展中的重要作用。

以清华大学新生为例，大一体育课是体育课程中最基础的课程，是所有新生的必修课。该课程以发展学生体能为主，辅以小专项提高，它是学生进入大学后的第一堂身心教育课程，在所有体育课程中起着举足轻重的作用。大一体育课是学生以健康积极的态度和较强的能力完成之后几年大学体育课程的基础。大一学生的特点包括对体育的认识不充分、运动基础水平低、缺乏体能训练的理论知识和实践体验、在体育课堂上参与运动时容易表现出不积极、主动性相对较差等。

多元智能理论给了我们很多启示，我们有很长且艰巨的路要走，但我们会坚定、坚持且毫不放松。新时代检验学校工作的基本标准就是审核其立德树人的成效，体育在爱国主义和奉献精神的教育上独树一帜。我在体育课上采取新时代高校"五育并举"多元化创新体育教学模式，这具体指在课程思政引领下，强调教学过程全程育人的主线，突出社会主义核心价值观教育，充分体现新时代高校体育教学以立德树人为先，做到"立德树人，春风化雨体育课程思政""以智启人，多维度激发智能""体美劳深度融合，多元化全面育人"，有效将育德、育智、育体、育美、育劳有机融合，促进学生"立德、增智、健体、慧美、勤劳"多元智能的发展，完成教学目标个性化、教学方法思辨化、教学形式多样化、教学评价层次化，实现"五育并举""三全育人"。

新时代高校"五育并举"多元化创新体育教学模式如图11-1所示。

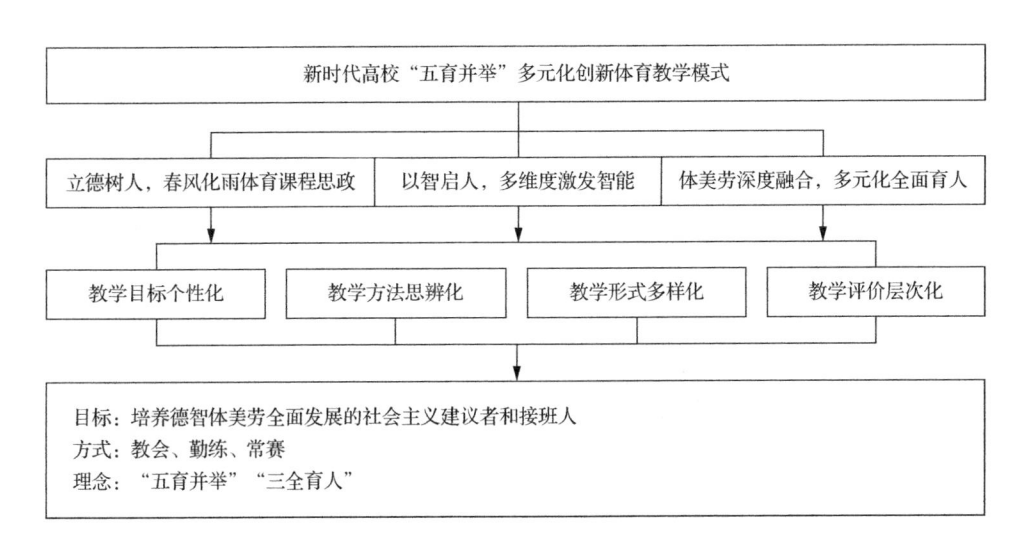

图11-1 新时代高校"五育并举"多元化创新体育教学模式

12 体育课中思想与表达的自由

有幸，在学校和体育部的支持下，我于 2018 年底到 2019 年初去往美国，在伊利诺伊香槟分校访学了一个学期。令我印象极其深刻的是，在美国，我上过的课程都要做 Presentation（演讲）。在这里，演讲能力的培养已经内化了。大家把思想表达出来，然后付之于行动，随后实现，这个过程既激动人心又积极美好。李开复曾说："有思想而不表达的人就等同于没有思想。"[1]美国成功学大师戴尔·卡耐基（Dale Carnegie）曾说："一个人事业上的成功，85%靠的是口才与交际能力。"[2]当今，美国人把舌头、美元和计算机称为三大战略武器，舌头即口才。

美国伊利诺伊香槟分校体育测量与评价课的演讲场景如图 12-1 所示。

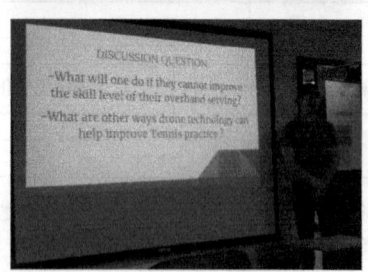

图 12-1　美国伊利诺伊香槟分校体育测量与评价课的演讲场景

---

[1] 李开复. 与未来同行——李开复文集[M]. 北京：人民出版社，2006.
[2] 盛乐. 戴尔·卡耐基经典全集[M]. 北京：海潮出版社，2009.

我有意识地打造思维开放、团队合作、执行力强、效果显著的课堂，引导学生勇于表达、敢于表现。美国畅销书作家、权威教育家、著名培训师道格·莱莫夫（Doug Lemov）的著作《像冠军一样教学》中有这样一段话："程序的例行化是由一个有力的展示开始的，它需要不断的强化，直到优秀成为一种习惯时才开始逐渐减少——但是绝不会完全消失。冠军教师深知这个过程的重要性，这也是他们从一开始就会为有用的程序打基础，进行战略性投资的原因。他们明白，要使一个重要的程序成为常规，必须有明确的期望，前后统一。此外，最重要的是勤奋。"[1]这充分体现了展示的重要性。要让展示成为一种习惯，成为掌握知识的方式，成为促进知识积累的动力。敢于展示的学生是优秀的，展示使人逐渐走向优秀、走向卓越。分享也是一种展示，展示内容也许不多，但这种展示给予学生的知识、能力与价值不少。教师引导学生展示越多，学生越优秀。我的课堂就是让学生提前学习程序和课堂常规，让大胆展示成为一种习惯。这样不但可以积累知识，而且可以养成良好的习惯，从展示走向优秀。作为教师，我们需要认真学习并做好引导。我曾幽默地告诉学生："不表现就无法被发现，不被发现就很难实现。未能发掘并利用自身的卓越才能，无疑是一种严重的资源浪费。"我还曾幽默地告诉学生："曾经我想成为一名伟人，发现这很难；后来我想成为伟人的爱人，发现这更难；最后，我想成为伟人的老师，发现一点也不难，因为我和你们在一起！"与此同时，我鼓励学生在表达中有机结合体育领域的内容，学生的表达就会引发同学之间的深入思考，带来启示。通过逻辑表达培养演讲能力、提高综合水平是一项切实可行的教学举措。梦想、体育、演讲是环环相扣、紧密相连的。

我负责八个班的体育教学，每班30多人，包括不同年级的学生，每学期所教学生达250人以上。在教学过程中，我尊重学生的梦想，有针对性地培养学生的演讲能力。通过体育教育，学生变得更坚定、坚强、坚持，从而实现梦想、获得幸福。

---

[1] 莱莫夫，赫尔南德斯，金. 像冠军一样教学 2[M]. 张杰，李科，刘白玉，译. 北京：中国青年出版社，2019.

▶ 不一样的高校体育教学：一名体育教师的探究笔记

  我采取的一个教学方法是：每节体育课我都会给学生 5 分钟的时间进行课前分享，体验思考与表达的快乐。分享的内容包括：自我介绍及自己最想分享的内容。不需要任何准备，最想分享的一定是自己最熟悉、印象最深刻、最自信或最擅长的。体育即生活，有些事虽然看似与体育无关，但会有一定的联结。于是，学生们脑洞大开，分享的内容十分广泛，包括家乡、学习的专业、爱好、喜欢的电影、爱看的书、崇拜的偶像、生活中的趣事、遇到的烦恼、对学习的感悟、对新闻现象的分析、对过去的回想、对未来的展望，或直接表演说学逗唱、曲苑杂坛、运动特长、技艺绝活……这么多年来，学生的分享给我带来了许多回忆和思考，我感受到他们分享的快乐，获得自我的反思，了解人与人性，在锻炼学生的表达与沟通能力的同时，我感受到了他们胸膛中那颗鲜活心脏的跳动。让我难忘的是，有学生骑行去过西藏，有学生在大学经历蜕变、重塑自我，有学生讲述自己去做公益时眼中泛着泪光，还有学生分享自己专业作品时全身闪耀着自信的光亮……这些都是学生们带给我的永恒的记忆和明亮。此外，我们还会设定分享的主题。例如，体育、健康与生命；体育之美，美在哪；如何看待清华精神和体育精神；在体育运动中，如何通过合作而非竞争实现目标；等等。师生一同思辨化地讨论关于体育的点滴思考。通过实证、对比、推理、批判与发现等，增强思维的逻辑性和深刻性，提升他们的理性思维水平。

  进行课前分享其实是和学生们一起感受不一样的体育课，感受思想与表达的自由，感受生命的意义，从而一步步地实现梦想。当然，作为教师，我在课堂上能做的只是指引，而真正的突破和成就自我是学生们自身通过刻意练习达成的。在《刻意练习：如何从新手到大师》这本书中，作者提出从新手到大师要经过以下几步：确立明确的目标、走出舒适区、保持专注、重复练习及找到优秀的老师及时反馈[1]。我们可以成为学生身边那位优秀的老师，帮助他们走出舒适区、保持专注，给予他们重复练习后的及时反馈。学习是一个绽放的过程，教师只有把学

---

[1] 艾利克森，普尔. 刻意练习：如何从新手到大师[M]. 王正林，译. 北京：机械工业出版社，2016.

生的绽放状态激发出来，才能实现教师和学生、学生和学生之间的美好沟通，收获良好的教学效果。

尼采说：每个不曾起舞的日子，都是对生命的辜负[①]。我们的体育课正是自由表达思想、展现自我、让生命跃动、让梦想绽放的绚烂舞台。在这纷繁世间，许多人或许身处平凡，但心灵因怀揣梦想而熠熠生辉，变得不凡。梦想是心灵的灯塔，让人的灵魂挣脱束缚，翱翔于无垠的天际。一旦梦想在心中生根发芽，即便是最幽暗的角落，也会被那束穿透云层的光芒照亮。于是，我们和学生一起成为了勇敢的追梦人，不畏前路崎岖，不惧风雨交加，只为追寻那束引领方向的光。在体育教育的广阔天地里，我们不仅仅是学生梦想的引路人，更是与自己并肩奔跑的追梦者。我们相信，梦想的彼岸并不遥远，它就在我们脚下，等待着我们用坚定的步伐去丈量。我们携手学生，在体育课的每次跳跃、奔跑、突破和展示中，锻炼体魄、磨砺意志，学会坚持与勇敢。这是一场关于成长、梦想的旅程，我们共同书写着属于自己的精彩篇章。

13 我们这样介绍自己：用身体表达名字

在第一堂课上，我会问学生他们的梦想是什么，鼓励他们把握当下，畅想未来；我会让学生感受到清华体育传统和清华体育精神的魅力，并一起为之震荡心灵；会进行生生分享，体悟思想与表达的自由……在第一堂课上，我们还会做什么？我们还会介绍我们自己，用身体表达名字。学生自由组成4~5人的小组，选其中1~2人的名字，用团队所有人的身体表达姓名，让其他同学猜。我们的目的是，通过团队成员的思考、合作和创造，用心、用身体表达名字，让同学

[①] 德勒兹. 尼采与哲学[M]. 周颖，刘玉宇，译. 北京：社会科学文献出版社，2001.

们更好地记住彼此的名字，促进沟通，增进了解。通过身体的表达既是一种运动，也是一种思想的呈现，是我们思想自由表达的方式。我们用身体表达名字的目的并非让人难以猜到，而是要有不同、有特色、出其不意，从而让同学们对这些名字记忆犹新。

诚然，给我们留下深刻印象的表达有很多。以姓"张"为例，为了表达姓"张"的同学的"张"字，有的团队全员双手一张一合表示"张"；有的团队张开双臂相互拥抱表示"张"；有的团队左边的人做拉弓射箭状，右边的人手牵手拉成一条长长的线，表示弓长"张"；还有的团队首先蜷缩在地上表示婴儿出生，然后从出生开始轮流演绎，一起表演孩童时代，从上小学、上大学，到结婚、生子，再到逐渐老去，最后再次蜷缩在地上表示离世，他们用人的一生来演绎成长，而成长的"长"与"张"谐音。如此深刻的思考、合作和演绎，带来的效果是令人震撼的，相信其他同学会一直记得这位姓"张"的同学的名字，记得同学们带给她的表达，这将一直伴随和留在她与他们的美好记忆中。人生所有的美好都值得我们留恋。

图 13-1 和图 13-2 是部分学生演绎的名字，图 13-1 中间的学生叫"王自清"，你能看出他们的演绎含义吗？图 13-2 中演绎的学生名字为"肖安培"，你能看出他们是笑着做了安培定律的右手螺旋定则吗？学生们的表达虽然抽象但充满想象力。

图 13-1 我叫"王自清"　　　　　图 13-2 我叫"肖安培"

14 一位新生的烦恼引发的思考

一位新生的分享引发了我的思考，她的分享大致意思是：在清华，绝大多数人都在"卷"，她不想卷入其中，但不自主地被卷入其中，故而产生焦虑情绪，感到心累甚至不安，在如此"卷"的环境里，应该卷入其中，还是选择"摆烂"？

听完她的分享，我先思考了什么是"卷"，什么是"摆烂"，为什么"卷"，为什么"摆烂"。"卷"最早指"内卷"（Involution）。自然科学家科普，"内卷"原是用来描述贝壳的，有一种贝壳的尖部会伸出来，而"内卷"的贝壳会在内部越来越卷，但是从外观上完全看不到这些弯弯绕绕的构造。在学习生活中，可以通过一个例子来理解"内卷"：老师规定写一篇一万字的论文，一些优秀的学生希望得到老师的青睐，选择写两万字或者写两篇论文。本来写一万字就已经很优秀了，但是在两万字的对比下，一万字就成了将就。对于"摆烂"，我是从学生那里第一次听到这个词的，我特意问了它的意思。学生的解释简单、直接：就是躺平的意思。

如今，我们看到，学生们无论做什么都要"卷"。在这个"内卷"的时代，我们如何不受环境干扰做好自己，做真实的自己，是人生的重要课题。当今大学里的"内卷"离不开一个词——竞争。

进入大学后，学生们发现每个领域总有出类拔萃的人。在大多数情况下，我们处于一种被人流裹挟着前进的状态，有时不得不硬着头皮加入"内卷"的大军，却不知该去向何处，开始拼时间、拼字数、拼成绩，不断地增加自身压力，于是焦虑被无限放大。"卷"不动便走向另一个极端，选择"摆烂"。

其实，很多时候感觉被"卷"有两个方面的原因。一方面是因为没有找到自己的定位和目标。在感到焦虑时，不妨仔细思考"我到底想成为什么样的人"，打破固有思维，先静下心来向内分析自己，再向外分析整体竞争环境，结合内外因素锻炼和发展自己。另一方面是因为缺乏信心和勇气。挫败感和困境是每个人都会面对的，只有肯定自己、相信自己，朝着目标继续前行，才是成为真正自己且光芒熠熠的有效办法。生活不都是阳光大道，也可以是幽静的小径。不是所有人都能成为太阳，也可以选择做月亮和星星。你只需做最想成为的自己。世界很大，从不设限，希望我们都能够不虚此行。

我的体育课掠影之一如图 14-1 所示。

图 14-1　我的体育课掠影之一

15 没有所谓的"后进生"

在清华的体育课堂上，经常有学生跟我说，"老师，在体育上我是'后进生'"。对此，我的回答是，"我们班上没有所谓的'后进生'"。

自认为是"后进生"的学生，首先要了解什么是"后进生"。"后进"一般指后来进步。后来进步不代表差，而且凡事都有可能转化。让学生改变自己是"后进生"的看法极其重要。第一，让学生感受到整个集体都爱他，而不仅仅是老师。

无数事实证明,只有当学生有强烈的上进愿望和信心时,他的进步才会出现并得以持久。第二,让学生发现自己的优点。只有意识到自己的优点,才可能奋发向上。我们要善于发现并引导学生发现自己身上无限的美好。第三,坚信科学训练的力量,并允许学生反复。根据学生基础的不同,设定不同的要求和目标。对于起点相对较低的学生,不同程度地降低要求,多肯定、多鼓励、多赞扬。在训练过程中,成绩出现波动是正常的,帮助他们先认可自己,再接纳自己,最后循序渐进地提升和突破。

当然,任何事情并非绝对。学生的进步需要多方面的努力,也许投入很多仍达不到目标,但在体育课程思政育人实践的道路上,教师永远不会因这种"相对"而放弃对这些学生的责任与努力。无论如何,在我的班上,永远没有所谓的"后进生"。在帮助学生的过程中,教师应贯彻体育课程思政的教学人本化、多样化和层次化,以学生为中心,实现体育课程思政的全面育人目标,与学生一起努力向前,向目标奋进。

体育在育人上有着得天独厚的优势。在"立德树人"这一核心理念的光辉照耀下,体育课程思政在体育课中的深度融合更加鲜明地凸显了以人为本的育人宗旨,致力于形成德智体美劳全面发展的"五育并举"教育模式。体育教育任务聚焦于"价值塑造、能力培养、知识传授"三位一体,紧密围绕"健康至上"的核心理念,旨在培养出既具备完善人格又拥有强健体魄的新时代青年。这种教育是一种面向全体、着眼全面、贯穿全程的"全人教育",它深切关怀每个生命的成长,尊重生命的独特价值,并致力于生命质量的全面提升。建设"全员育人、全程育人、全方位育人"的"三全育人"体系,不仅仅为清华学子铺设了坚实的成长基石,更为他们将来能够以饱满的热情和强健的体魄投身国家建设,矢志不渝地争取至少为国家健康工作五十年,奠定了坚实的基础。这不仅仅是对个人价值的实现，更是对国家和民族未来的深情承诺与贡献。

在体育教学实践过程中，我们见证了体育在育人方面独特且全面的价值。高校体育教师应当深入探求课程思政的深意，了解课程思政在所有课程中的地位、作用、内容、方式和功能，明确其培养目标，努力构建全面培养人的教育体系，健全"立德树人"的人才培养方针，并全力落实到每堂体育课中。

我的体育课掠影之二如图 15-1 所示。

图 15-1　我的体育课掠影之二

16　六个字的限制创意

许多人不相信创意思维可以通过学习获得，他们认为创意思维是天生的，不会因后天学习而改变。我对于这种观点不敢苟同。合理运用训练方法，配合一定的环境因素，想象力和创造力是可以提高的。创新是思维习惯和外界环境共同作用的产物。斯坦福大学教授蒂娜·齐莉格（Tina Seelig）在其著作《斯坦福大学最受欢迎的创意课》一书中提出创意引擎的六要素：知识、想象力、态度、资源、环境、文化[①]。知识是发挥想象力的基础。想象力是将已有知识转化为新想法的催化剂。态度是点燃创意引擎的火。资源是自身所处的团体中的一切可利用的东西。环境指个人的生活环境，如家庭、学校或者宿舍等。文化是自身所处的团体中体现出来的集体信仰、观念和行为。

创意思维是取之不尽、用之不竭的宝藏，只有善于学习、有方法、不畏困难、抓住机会的人才能把它开发出来。创意思维的培养需要教师引导，更需要学生自己点燃，潜在的创新能力还需要自己释放。注意，约束往往催生创意。例如，在第一节课上，除了通过用身体表达自己名字的方式激发学生的创新意识，我还要求学生用六个字介绍自己，在学期末也用六个字做小结。由于字数的限制，要想正确地表达出自己的个性，就必须发挥想象。令人欣喜的是，他们完全没有被字数禁锢，反而因为字数的限制，自我介绍和小结都更具创意、更加有趣。

一些有趣的小结：从畏惧到热爱；曾社恐现社牛；虽菜但充满爱；看到了一束光；下学期再期待。约束就像催化剂，鼓励人不断创新。当然，创新有时也需要完全打破约束。部分学生六个字的限制创意如图 16-1 所示。

图 16-1 部分学生六个字的限制创意

---

① 齐莉格. 斯坦福大学最受欢迎的创意课[M]. 秦许可，译. 长春：吉林出版集团有限责任公司，2012.

图 16-1（续）

17　成功是成功之母

　　好的教育其实就是提升学生的内驱力，使他们更好地教育自己。在体育教学中，培养学生内驱力的秘诀是"成功是成功之母"。在体育教学中，精心创设多样化的情境旨在为学生提供一系列能够重复获得成功的实践机会。这样的设计让学生频繁地沉浸在成功的喜悦中，每次胜利都成为他们成长道路上宝贵的动力源泉。这些累积的成功体验如同阶梯，助力学生一步步从细微的成就迈向人生的辉煌。这一教育理念与浙江大学胡海岚团队于 2017 年提出的"强者恒强""胜者恒胜"理论不谋而合。该团队的研究揭示了人脑中存在一条独特的"胜利者效应"神经环路，这一发现科学地解释了为何个体在经历成功后，往往能激发内在潜能，持续保持优势状态，进而在后续挑战中更容易再次获胜。也就是说，先前的胜利经历会让之后的胜利变得更加容易。学生在体育课堂上的成功体验帮助他们建立自信，相信自己可以，这种内驱力会使他们受益终生。将这一理论应用于体育教学，意味着通过巧妙地设计情境，有效激活学生的"胜利者效应"，让他们在享受成功喜悦的同时，不断巩固自信、提升能力，最终成就更加辉煌的人生。

"胜利者效应"实验指在一段只能让一只小鼠通过的玻璃管道中，使两只小鼠狭路相逢，一场不进则退的较量在所难免，而胜利者会在30秒内将对方推出管道。当年这项研究最激动人心之处在于，第一次向世界指出了调节社会竞争力的神经基础位于大脑内侧前额叶的脑区。本处于劣势的小鼠在科学家的帮助下胜利一次后，勇气倍增，成功逆袭。当劣势小鼠胜利六次或更多次时，即使没有科学家的帮助，它也能获得胜利。为了验证这一"胜利者效应"，研究团队还设计了一项叫作"热源争夺战"的实验：在一个冰冷的方形盒子中，四只小鼠对位于盒子角落的温暖地带展开竞争。只要是之前在钻管测试中获得重复胜利经历的小鼠，在热源争夺中就会更容易获胜。科学家认为，这一结果首次说明"胜利者效应"可以从一种行为学范式迁移到其他的行为中。

在体育课堂中，教师精心策划一系列适度且具有挑战性的短期任务，旨在为学生提供明确的学习目标。通过及时的评价反馈与正面鼓励，教师不仅能够认可学生的努力与进步，还能够激发他们的内在动力。在这一过程中，学生凭借个人的不懈努力，加之同伴间的相互支持与教师的专业指导，逐步克服困难，最终实现任务目标，体验到成功的喜悦。这种反复的成功体验如同催化剂，不断滋养并强化学生的内在驱动力与自信心。他们开始相信，通过自己的努力与坚持，能够不断超越自我，迎接更大的挑战，进而在体育领域及其他生活领域中获得更多的成功与成就。

为此，我在体育课堂上进行了各种"胜利者效应"的教学尝试。长跑是清华大学体育教学的传统，每年的体育课素质测试内容都包括男生3000米、女生1500米的长跑测试。在女生1500米教学训练中，我让学生根据自己学期初的测试水平，从400米开始训练，逐步过渡到600米、800米、1000米、1200米、

1500米的训练。一次课一个距离，采用重复跑、间歇跑、比赛跑等练习方法，每次课让学生自己设定小目标，教师给予评估反馈，使每位学生都能在自己的努力下实现自己每次的小目标。到学期末的1500米长跑测试，全班所有人的整体水平比学期初有了显著的提高。学生们对1500米的心态从一开始的恐惧，变成了"原来1500米没有想象中的那么难，原来我可以做得很好"。重要的是，这极大地提升了学生们的内驱力和自信心。研究和实践表明，失败不一定是成功之母，而成功一定是成功之母。这种"有法地练"给学生带来的不断成功的体验，更能促进学生养成课内外、线上线下主动"增负"、自觉"勤练"的习惯。

成功能够给学生带来宝贵的经验和充满信心的体验。学生从成功中学习和总结的经验教训，是他们在未来面对挑战时的宝贵财富。这些经验可以指导他们避免重复过去的错误，更加高效地解决问题，从而提高成功的概率。成功的经历也让他们相信自己的能力和价值，使他们在面对新的任务和挑战时更有信心。这种自信可以激发学生的潜能，让他们更加勇敢地追求自己的目标。此外，体验成功的过程也是提升能力的过程。通过不断的成功实践，学生锻炼自己的技能，提升自己的素质，使自己更加适应复杂多变的环境，这些能力的提升为学生未来的成功奠定了坚实的基础。

当然，我们也应该意识到，"成功是成功之母"并不意味着每次成功都会直接导致未来的成功。每次成功的运动体验都需要付出努力、坚持不懈，并且需要不断地学习和进步。"成功是成功之母"这一观点强调了成功经历对于个人成长和未来发展的重要性。无论是教师还是学生，都应该珍惜每次体验成功的机会，从中学习和总结经验，不断提升自己的能力和信心，以迎接未来的挑战和机遇。体育教师的天职就是设计出让学生不断获得成功体验的学习情境，帮助学生从微小的成功逐步走向人生的成功。这种成功意味着他们拥有强大的内驱力，能够有效地教育自己，从而更好地度过自己的一生。

我在体育课上鼓励学生的场景如图17-1所示。

图 17-1　我在体育课上鼓励学生的场景

18 清华体育课的团体操教学

一般逢五或逢十的校庆年，清华大学体育部会通过教学成果展示的方式在校庆日进行团体操的展演。在清华工作的 21 年间，我参与了 95 周年校庆、100 周年校庆、105 周年校庆、110 周年校庆及"双 60"（清华大学第 60 届"马约翰杯"学生田径运动会和"为祖国健康工作五十年"口号提出 60 周年）的团体操教学。以 110 周年校庆为例，2021 年 4 月 25 日，在清华大学的东大操场，精彩的教学成果展示是"马约翰杯"开幕式的一大亮点。青春活力、朝气蓬勃的学生们以大型团体操的形式为母校献上贺礼。

本次团体操在清华大学体育部的总体领导下，主要由大一学生完成主体的表演与展示。参与教学的教师中，女性有六位，男性有五位。由于疫情的前期影响，此次大型团体操（即教学成果展示）的时间紧、任务重，给教师和学生的时间只有七次课与三次合练。在这个教与学的过程中，教师和学生都经历了从

"我们，行不行"到"我们，必须行"再到"我们，行胜于言"的几个阶段。最终，学生们向全球清华人展现了一场完美的演出，展示了新一代清华人可堪大任的精神面貌。在师生共同奋斗的日子里，课程思政春风化雨地融入团体操体育教学课堂。

（1）收获与发扬同心同德的团队精神。人心齐，泰山移。当全体师生全身心沉浸和投入完美展现教学成果中时，教师与教师之间、学生与学生之间、教师与学生之间都建立了深度联结。深度联结能激发内心强大的力量，我们不仅能自然而然地追求卓越，还会享受过程中收获的幸福。心理学家维克多·弗兰克尔（Viktor Frankl）说："幸福是投入的副产品。"当我们投入地做一件事时，幸福就降临了。在师生团队齐心作战的奋斗中，我们收获了教学成果的完美呈现，发扬了同心同德的团队精神，并且拥有了满满的幸福感。

（2）人文关怀，用爱筑教，做有温度的教育。团体操的训练都是大班一起上课，女生人数最多的上课窗口是周五的上午第二大节，有150人左右，有五位教师同在课堂，一位教师主讲，其余四位教师全力配合。每位学生都是场上重要的不可或缺的一分子，每位学生的动作完成度、队形变化的清晰度及表演中的表现力等都必须准确到位且富有感染力。要想达到这种效果，教师在教学中除了要做到专业上的严谨，还应该做到有爱地教。遇到雨天训练的情况时，我们会提前给学生们准备好雨衣；遇到提出有学习困难的学生时，我们会为他们提供点对点的服务；合练时天气突然变化的情况下，学生们能够及时应对变化，严格遵守守时的规定，展现出师生间的绝佳配合；等等。这些都体现出教学中的人文关怀，用爱筑教。

（3）充分调动和发挥团队成员的自主性、思考性、合作性、创新性。大型团体操表现的是清华大学的团队精神，展现的是新一代清华人自强、创新的精神风貌。在教学过程中，总指挥、编导、主讲教师、表演学生、替补学生、助教学生齐心协力，拧成一股绳，充分调动和发挥每位团队成员的自主性、思考性与合作性。同时，团队注重在教学中提升高阶性、突出创新性、增加挑战度。我们利用三维动画的形式呈现团体操的表现效果，利用先进的器械设备讲解队形变化、学生走位等，积极引导学生开展探究式学习，动画里的每个点最终变成一个个朝气蓬勃的学生，完美重合。表演是完美的，他们完全呈现出了动画设计的效果，学生们的表演震撼人心、感人至深。

（4）教师言传身教，追求卓越，精益求精，师生共益。在教学过程中，我们经常跟学生说"唯一不变的就是变"。为了达到更完美的呈现效果，教师们根据现场训练和合练的情况，全情投入，适时调整，一步步地精雕细刻。教师们的皮肤晒得黝黑，声音变得嘶哑，学生们看在眼里，感受在心里。言传身教的雨露滋润产生潜移默化的影响。每次上课，在偌大的东大操场，面对上百名学生，教师下课都会用话筒说："谢谢大家，同学们辛苦了！"后续，总会有学生来到教师身边，甚至有学生向老师鞠躬，说："老师辛苦啦！"作为教师，我们从不低估自己的影响力，生命会潜移默化地影响生命。

当然，在教学过程中，我们思所得，也思所失。让每位学生获得成功的体验是今后团体操教学工作中需要思考和深入研究的课题，我们有责任帮助学生从微小的成功逐步走向人生的成功。参与团体操表演的学生共有近2000人，他们对参与团体操表演的理解并不相同，有的甚至截然相反，但每位学生作为独立的个体，都需要被尊重、被关注、被理解和爱。让每位学生，包括替补学生、助教学生，都能深刻感受到在团队中的价值感、归属感和成就感，这是我们必须达到的目标。

110周年校庆团体操的团队工作节奏紧张，辛苦却又幸福。我很幸运参与其中，最深切的感受是：我们要有团队自信，有专业自信，有教学自信，同时，拥抱变化，思考创新，勇敢奋进。

清华大学110周年校庆的团体操教学成果展示如图18-1所示。

▶ 不一样的高校体育教学：一名体育教师的探究笔记

图 18-1　清华大学 110 周年校庆的团体操教学成果展示

19　20 多年前的街舞课：传统与潮流

2003 年，我来到清华任教，清华开设了一门新课——街舞课，是一门男女学生都可以选的选修课。我依然清晰记得当时选课情形相当火爆，如今清华的街舞课已经开设 21 年。我来清华任教时 23 岁，一晃 21 年，回顾 20 多年前的清华街舞课，可以用一句话概括：既传统也潮流。街舞（Street Dance）是 20 世纪 60 年代起源于美国，基于不同街头文化或音乐风格而产生的多个不同种类舞蹈的统称。20 世纪 80 年代，街舞传入中国，2003 年被纳入清华大学体育选修课。街舞为什么这么火？因为它有激情、活力、热血、燃炸、自由、奔放、不服输、不放弃的精神。街舞能让身体的每个细胞都充满活力，让生命内涵尽情释放，让尊重、和平与爱在人们之间传递。20 多年前的街舞课既承载着街舞文化的传统根基，又引领着当时潮流的风向，展现了一个时代特有的活力与创造力。

传统之根：在20多年前，街舞虽然已在全球范围内流行开来，但其深厚的文化根基和传统元素依然被珍视与传承。街舞起源于美国黑人社区，是舞者对生活、情感和态度的表达，这种原始而纯粹的艺术形式在早期的街舞课中得到了充分体现。教师不仅仅教授舞蹈技巧，更注重向学生传递街舞背后的文化故事、历史背景，以及它所代表的自由、不羁的精神。这种对传统的尊重与传承让街舞课不仅仅是技能的训练场，更是文化的传播地。

潮流之翼：20多年前的街舞课是引领潮流的重要阵地。随着全球化的加速和信息技术的飞速发展，街舞的新风格、新元素不断涌现，并迅速在全球范围内传播开来。在街舞课上，学生不仅可以学习经典的街舞动作，还可以了解最新的舞蹈趋势和潮流文化。教师紧跟时代步伐，不断引入新的教学内容和教学方法，使街舞课成为学生追求时尚、展现个性的舞台。这种对潮流的敏锐捕捉和积极引领，让街舞课在保持传统的同时，也充满了时代感和新鲜感。

融合与创新：值得一提的是，20多年前的街舞课还展现了一种融合与创新的趋势。在传统与潮流的碰撞中，街舞课不断探索新的可能性和发展方向。一方面，它吸收和借鉴了其他舞蹈与艺术形式的优点及特色，使街舞的表现力更加丰富多样；另一方面，它鼓励学生发挥创造力和想象力，根据自己的理解与感受来改编和创新舞蹈动作。这种融合与创新的精神不仅推动了街舞艺术的发展进步，还为街舞课注入了源源不断的活力和生命力。

20多年前的街舞课是传统与潮流的完美结合。它既有对传统文化的尊重和传承，又有对潮流文化的敏锐捕捉和积极引领；它既有严谨的教学态度和科学的教学方法，又有开放的教学氛围和创新的教学理念。这种独特的魅力使街舞课在那个时代成为众多年轻人追求梦想、展现自我的重要平台。那时清华选修街舞课的学生穿着相对保守，考核以团队组合展示为主。在课堂上，学生们交流想法，进行团队合作、创作与创新。他们创作的作品有很多令人印象深刻。早期街舞课的学生们和我如图19-1所示，早期街舞课的学生展示如图19-2所示。

不一样的高校体育教学：一名体育教师的探究笔记

图 19-1　早期街舞课的学生们和我

图 19-2　早期街舞课的学生展示

20　20 多年后的街舞课：健康大气　形象自信

新时代街舞课基于形象自信改善新时代青年人的形象素养。多年来，街舞课始终坚持"育人至上"的教育观。在新时代背景下，街舞课被赋予了全新的使命与愿景，即致力于"培养体魄强健、人格完善、意志坚韧的时代新人"，这是街舞课核心的教育目的与培养目标。这一理念不仅仅强调了身体素质的锻炼与提升，更注重学生心理素质、道德品质及意志品质的全面发展，旨在通过街舞这一充满活力与创造力的艺术形式，培养出能够引领未来、勇于担当的新时代青年。

历经 20 多年的实践打磨，在教学实践中，街舞课全面实施课程思政，将民族自信、文化自信的内核融入教学过程中，坚持"当身体形态上的缺憾不可逆时，它就是特点，而绝不是缺点"的理念，创造性地提出培养学生树立"形态特点优势化"的形象观，多侧面建构学生的形象自信，诠释习近平总书记对中国青年提出的"增强做中国人的志气、骨气、底气"的精神实质。

新时代街舞课把握时政脉搏，以美育思想为基点，以体育教学的方法与手段为引线，秉持"承认差异，提供选择，开发潜能，多元发展"的方针，创造性地提出"以体育人，以美育人，提升学生形象自信"的观点，从培养目标、授课方式、教学形式、教学内容和评价体系等角度，打造全新的体育课。同时，整合相关课程的优势资源、教师的专业技能和学生的特点与需求，以培养体魄强健、形象自信、人格健全、意志坚定的时代新人为课程群总体教学目标。新时代体育课旨在提高大学生的体能水平和身体协调能力，课程的目标一致，内容循序渐进，具有创新性。课程的设计注重审美兴趣与形象塑造并重，强调强健体魄与审美体验相结合，教学过程体现出"教会、乐学、勤练、常演、常赛"的特色，旨在培养知行合一的人才，提升学生的综合素质和体育素养，打造优质的学校体育课程。

新时代街舞课充分体现了高校体育教学"五育一体"的特点，合理利用"智能+"的有效资源和渠道，开创性地打造"五位一体"的教学形态，确保教学实践的有效性。同时，新时代跨学校、跨领域、跨专业的团队建设，开放的合作模式和动态运行方式，突破时空限制，拓宽学术边界，前瞻性地对标教育部高等教育司"关于开展虚拟教研室试点建设工作"的基本要求，形成区域性虚拟教研室的雏形，实现教研与教学联动、科学育人与教师成长联璧、师生共益的教学成果。课程的开发形式、多向度的研发过程、多维度的课程内容和多元化的实践检验，具有相对独立、相互依托的特性，可独立应用，可交叉重组，扩展了成果的应用范围，增加了受众人群，对相邻学科具有示范效应。

新时代街舞课解决了学校体育教学研究中体育与美育交叉融合课程匮乏，"形象美"与"形体美"概念混淆的问题；解决了体育教学研究与教学实践衔接困难、反馈脱节，资源零散，教学模式单一，"教""学"沟通不畅等高校体育教学有效施教难的共性问题；解决了体育教学中学生知、能、行和育人目标分离，对运动技能的掌握以服务考试、被动接收为主的问题，帮助学生真正掌握有难度的知识。

形象自信的街舞课学生如图20-1所示。

图20-1 形象自信的街舞课学生

1. 新时代街舞课的特点

（1）新时代街舞课遵循体育、美育的基本特点和学生身心成长的规律，提出以丰富和优化身体语态来提升形象素质的方法，强调"形体美"不等于"形象美"。在审美效应下展现体育的美学价值，实现以体育人、以美培元，引导学生树立正确的健康观、审美观，实现跨界融合，厘清概念。

（2）新时代街舞课突破体育教学的时空边界，从全面育人、面向人人的角度出发，以"知识输出与学业引导并重"为教学指导思想，创设"四维互融、三元交叉"的立体教学模式，即"教学教研协同发展""学理实践有效转化""线上线下无缝衔接""课内外延续一体"的"四维互融教学方式"与"理论学习线性教学""实践练习对分课堂""展示环节翻转课堂"的"三元交叉教学形式"相结合的立体教学模式。成果以有效的教学模式充分体现了体态语优化练习的即时性和实用性，符合时代特点。它引导学生在自我完善的体验中追求更高层次的精神愉悦和人生乐趣，从而解决体育教学有效施教难的共性问题。

（3）新时代街舞课以"形象特点优势化"的理念为抓手，提出当代大学生应树立全新的形象观，强化自我肯定的形象意识。在教学实践中，采用"三轻推、三自愿"的学习保障机制和"三段式全过程综合评价体系"相结合的方式，培养学生的自主研学能力，提升学习效率、学习效果和体育素养。"三轻推"的具体内容如下。轻推一，要求组建"建构性合作学习小组"，营造高度参与的学习环境，提供合作互助的学习机会。轻推二，"确保出勤"，培养学生的规则意识和自律能力，只有学生按时出勤，教师才有可能以专业魅力和有效策略使学生学会知识、掌握技能。轻推三，学习效果"强制展示"，为保证展示效果，强化过程管控。树立"课程学霸"，彰显身边榜样的作用，激发学生自主学习的原动力。实行教师与学习组长联合的"课内外学习双重管理"，即"课内教师管理，统一教、统一练""课外学习组长管理，分组学、分组练"的多维度、多形式的学习模式。"三自愿"指"课堂提问自愿回答""课后作业自愿提交""期末展演形式自愿选择"。教师根据学生"轻推"和"自愿"环节的表现，给予诊断性评价和表现性评价，针对期末展演的效果，给予终结性评价。

（4）新时代街舞课改革性地开创"轻推"和"自愿"相结合的"三段式全过程综合评价体系"，提高课程挑战度，有利于教师及时把控、正确引导、有效施教，达到学生"自觉勤练""自主增负""课课比赛"的效果。学生由"被轻推"转变为"肯自愿"，形成合作共赢的集体观，历经精神上的自我博弈、形象上的自我完善、心理上的自我认同，形成"通过驾驭身体，实现表达思想"的能力，锤炼意志，健全人格，收获卓绝的形象自信和深层次的幸福感，体现学校体育的人文价值。

2. 新时代街舞课的创新点

（1）育人理论创新：以街舞的基础动作为突破，提出舞动健身理论体系。研究发现，个体对身体形象的认知层级与身体锻炼行为投入之间存在密切关系，身体形象被视为开展身体锻炼的内生动力。舞动健身理论体系强调，培养大学生提高形象认知、关注身体反馈的能力，激发学生的学习兴趣，改善大学生形象素质，促进身心健康，提升自信，彰显青年人的行为素养，契合体育本原。通过体态语言优化教育形成的形象自信，是对实现中华民族伟大复兴中国梦的极好诠释。

（2）改革方法创新：创造性地建立舞动健身训练体系。创新地提出将"美育思想与体育手段嵌套融合"，开创全新的训练方法，符合时代特点，促使学生"学会""勤练"，为学校体育教学内容的完善提出新的维度。改革性地采用学生自主设计，通过舞台展演的方式进行阶段性学习成果展示、终结性结果评价等多元化综合评价，让学生在强健体魄、完善形象、创新发展和突破自我的同时形成积极的心理品质。

（3）开创模式创新：践行"课程研发四步走战略"，开拓"从学科设想到推广应用"的新模式。一是因课制宜，组建一支由多元化专业教师组成的教研、教学合作团队，形成"勤请教""勤思考""勤讨论"的求是崇真、严谨治学的团队作风。二是创造性地研发体态语优化课程的完整内容，革新性地打造"五位一体"的基于多空间探索和实践的创新性教学形态模式，让创新与自信贯穿教学全过程。三是开展多学校跨领域实践，进一步完善成果质量。四是利用线上线下相结合的多元化推广模式扩大成果影响力，增加受众人群。通过这样的设计，全面提升体育教研成果向教学实践转化的质量和效率，确保研究成果能够迅速、有效地融入日常教学中。此教学模式的创立，不仅对于推动体育教学改革具有深远意义，能够激发体育教学的创新活力，提升教学质量与效果，还对其他相邻学科的建设与发展产生积极的示范效应。它展示了如何通过构建开放、包容、协同的教研生态，促进知识的融合与创新，从而推动整个教育体系的持续进步与发展。

（4）全面实践创新：前瞻性地构建"时空不设限"的研发与实践路径。以组建教学、教研合作团队的方式，在跨领域、跨学科、跨学校的教学实践中，拓展时空，营造虚拟教研室的雏形，将舞动健身理念的全新课程设计和教学研究成果成功落实到教学实践中。采用行之有效的"关注人的发展"的建构式合作实践方式，全面呈现新时代"时空不设限"体育教学实践的创新性。尤其在疫情防控状态下的后疫情时代，这一实践给全国体育教学提供了实践方法的示范，开创了全新的体育教学纪元。

21 体育教师要懂、要用心理学

我平时喜欢看书，尤其喜欢看一些心理学书籍。一位心理学教授说："如果你有一天开始学习心理学,那是你的福祉。"心理学对体育教师来说,不仅有助于开展教学工作,还能帮助我们更好地生活。实际上,心理学是为所有渴望认识自我、关注自身发展、希望身心健康的人所准备的。认识自我是一个人必修的功课。只有当你认识自己时,你才能更好地理解他人和这个世界。

面对因性格而产生的苦恼,不懂心理学的人拼命改变自己的性格,而懂心理学的人接受自己的性格,每个性格都有自己的独特优势,只有内在和谐,才能发挥这种优势;面对生活中的挑战,不懂心理学的人一旦失败,就会陷入自我攻击,进而一蹶不振、放弃努力,懂心理学的人能理性面对失败,积极分析背后的原因,并积极找出真正的解决方案。

体育教师要懂、要用心理学,这样无论是在工作中还是在生活中处理各项问题都会更高效,也更游刃有余。

我喜欢看奥地利心理学家阿尔弗雷德·阿德勒(Alfred Adler)的作品,读的他的第一本书是《超越自卑》。耐心地品味这本书,你会被作者对生活的无限热情,以及他对人类健康、理性、乐观的执着精神而深深地感动。在当时那个物欲横流、精神贫乏的年代里,阿德勒的心理学理论犹如浸入沙漠的一缕甘泉,让人们重新体味到生活的意义和价值绝不仅仅是金钱、物质和泛滥的私欲,它还包括更广阔、更令人神往的精神园地。我还反复阅读了日本作家岸见一郎和古贺史健对阿德勒的心理学理论进行对话式重构的一本书——《被讨厌的勇气》。这本书采用对话体描写了一名被诸多烦恼缠绕、眼里充满矛盾与混沌、根本无幸福可言的青年,在听到一名哲人的主张"世界无比单纯,人人都能幸福"后,便来与其争论,青年逐渐在与哲人的辩论中懂得了阿德勒的思想"世界很简单,人生也一样"。世界上已经有无数读者从阿德勒的名作《超越自卑》和他的哲学思想中重新找到自己生活的意义。

我曾经在我的课上引用阿德勒的话:人生本没有意义,一切依赖于我们如何赋予人生意义。这句话的意思是：如果我们看待事物的眼光改变，事物也就随之改变。例如，有些学生（尤其是新生）对 3000 米、1500 米测试充满恐惧，如果把长跑测试看成是恐惧的事，那么长跑对他来说就一直是令他恐惧的存在；但如果把它看成清华大学带来的自我挑战的福利，就能让他不断突破和看到更好的自己，这种福利会让他变得积极，从而越来越好。同样一件事，从不同的角度看待，结果截然不同。"囚徒放血实验"就是心态影响生理的最典型实验：某教授对死囚犯宣布要将他处以极刑，方法是割开他的手腕，让鲜血滴尽而死；接着蒙住他的双眼，将其双手反绑，用手术刀划了一下他的手腕，实际上并没有割破，然后用一盆水滴到桶里的声音模仿血滴下来的声音；死囚认为是自己的血在不断地滴出，没过多久，他就在这巨大的恐惧中死亡了，而实际上他一滴血也没流出。心态影响生理，内心的恐惧才是自己最怕的敌人。

我经常在课堂上使用自证预言。自证预言是一种心理学上常见的现象，指人会不自觉地按已知的预言来行事，最终令预言发生；也指对他人的期望会影响对方的行为，使对方按照期望行事。也就是说，你越相信什么，就越可能朝着那个方向发展。罗森塔尔效应就是一种自证预言，也被称为皮格马利翁效应或人际期望效应，是一种社会心理现象。它描述的是教师对学生的殷切期望能戏剧性地收到预期效果的现象。具体来说，当教师对学生形成积极的期望时，这种期望会促使学生朝着符合期望的方向发展，进而改善学生的行为表现和学习成绩。

罗森塔尔效应最早由美国心理学家罗森塔尔（Rosenthal）在 1968 年提出，并通过实验得到了验证。在实验中，罗森塔尔和同事告诉教师一部分学生是智力上有潜力的高成就者，而另一部分学生则没有被标记为高成就者。然而，实际上这些所谓的高智力学生是随机选择的，学生们没有真正的智力差异。结果显示，被认为是高成就者的学生在后续测试中表现出更好的成绩，而被认为是普通学生的学生则没有显著的进步。

产生罗森塔尔效应的原因在于，教师对学生的期望会影响他们的态度和行为。如果教师相信学生有潜力并期望他们取得成功，他们就可能给予更多的关注、鼓励和支持，从而激发学生的积极性。这些积极的反馈和暗示可以影响学生对自己能力的信心和动机，使其朝着教师期望的方向发展。

在我的课上，我不断鼓励、真诚赞赏和充分相信学生，用积极的期待和信念激发学生的潜力，促使学生表现更好、产生对自己向上向好的渴望，并朝着我们所期望的方向发展。于是，他们会倾向于找寻符合该期望的正面讯息，而那些正面讯息又诱发他们找寻更多的正面讯息，并付诸行动，使他们变得越来越乐观和充满自信，行为上也变得更积极，大大地提升了成功的可能性。

体育教师在课上用一点心理学，就会使课堂、学生产生变化，自己也会有所不同。

22 拥有属于自己的体育教学文化

在百年清华体育优良传统的熏陶和浸染下，我的体育课经过20多年的积累、历练和沉浸，逐步拥有了属于自己的体育教学文化，对于提升体育教育质量、促进学生全面发展具有重要意义。教师拥有自己的体育教学文化不仅能充分体现学校的体育教学理念和特色，还影响着学生的体育兴趣、态度和习惯。例如，我的大三体育街舞课学生自己喊出的"无体育不清华，无街舞不大三""无街舞不体育，有街舞更青春""清华必有体育，心中必有街舞"等口号，就是我的体育教学文化的缩影。以下是我构建和发展属于自己的体育教学文化的想法。

（1）持续深化教学理念。在秉承学校理念的前提下，着重强调以学生为中心的教学理念，关注学生的个体差异和全面发展。注重培养学生的体育兴趣、运动技能和健康习惯，使学生终身受益。

（2）不断提升专业素养。不断学习教育和体育教育理论，掌握最新、前沿的教学方法和手段。积极参加各类体育培训和学术交流活动，拓宽视野，提升教学水平。

（3）努力创新教学方法。根据学生的年龄、性别和兴趣特点，与时俱进，设计多样化的教学内容和活动形式。引入游戏化、竞赛化、自由化的教学方式，激发学生对体育学习的兴趣和积极性。

（4）倾力营造文化氛围。在课堂上营造积极、健康的体育文化氛围，注重培养学生的团队合作精神和竞争意识。通过组织班级体育赛事和活动，增强学生的集体荣誉感和归属感。

（5）竭力关注个体差异。深入了解每位学生的身体素质、运动能力和兴趣爱好等，制定个性化的教学方案。对于特殊学生（如有心理健康问题的学生等），给予更多的关注和帮助，使他们能够感受并享受到体育带来的乐趣。

（6）强化自我反思与总结。定期对自己的教学进行反思和总结，找出存在的问题和不足，制定改进措施。积极参与教学研究和课题申报，将自己的教学实践上升为理论成果，形成独特的教学风格和文化。

（7）注重体育教学文化的传承与发展。体育教学文化不是一成不变的，它需要随着时代的发展和学生的变化而不断调整与完善。因此，教师应注重体育教学文化的传承与发展，既要继承优秀的传统体育教学文化，又要不断创新和发展新的体育教学文化。

总之，拥有属于自己的体育教学文化是一个长期而复杂的过程，需要学校、教师和学生共同努力。通过明确教学理念、创新教学内容和方法、营造积极向上的教学氛围、加强团队建设及举办体育文化活动等措施，可以逐步构建和发展出属于体育教师自己的、具有特色的体育教学文化。

23 学生们对体育课的评价

引用大一体育课的学生学期总结的部分内容，了解学生们对体育课的评价。

除了身体素质的提高，我想谈谈我在这一个学期体育课中的感受。彭老师的体育课极大地改变了我。高中的时候，我几乎不运动，也不喜欢运动。然而，来到清华后，首先要从体育课开始，我'被迫'开始运动。直到上了彭老师的街舞课，我才真正改变了自己。一开始，我心想：不为体育成绩，只为拥有一个健康的身体。随着每节课的学习，我被彭老师的话所触动，发现了运动的魔力，越来越意识到运动能带给我许多好处，并且真正爱上了运动。在清华，学习压力大，身边有许多优秀的人，整天都充满了挫败感。我常常感到难过，被消极情绪控制，特别是每学期刚开学时，我会想：我怎么这么糟糕，学习总学不好，跑步也跑不动，挫败感极强。幸运的是，我遇到了彭老师，她的课不仅教我们如何运动，还教我们领悟清华精神和体育精神，教我们如何积极地面对生活，如何挖掘自己的潜力，拥有不一样的人生。通过彭老师对体育精神的讲解、渗透、融入，我开始变得振奋，变得不一样，逐渐开始改变自己。随着不断的训练，我的体能水平逐渐提高，街舞一次比一次跑得好，跑得一天比一天快，让我渐渐从惧怕转变为热爱，上体育课也成为我最开心的事情。每天的运动都会使我感到快乐，每次上完彭老师的体育课，我的消极情绪都会一扫而空，运动让我获得了自信、勇敢、坚强。

体育课教会我要自强不息、永远拼搏。在体育课1500米长跑的第一次测试中，我没有及格，跑得很慢，当时我感到很失落，觉得自己越来越差。然而，在彭老师的鼓励和帮助下，我没有放弃，课后有针对地练习，不断提升自己，最终取得了满意的成绩，实现了自我突破。

彭老师让我明白了一个道理：我们只需与自己比较。经过努力，我的体能水平有了很大的提高，尽管仍然无法与很多人相比，但这让我学会了放过自己。身边有很多优秀的人，他们似乎付出很少的努力就能在各个方面超越我，以前我会感到很失落，但是现在我明白，只要每天比前一天好一点，我就是一个更好的自己，这样我就没有任何遗憾，生活自然也会更加快乐。街舞课给了我巨大的收获和深远的影响，感谢彭老师独特的授课方式，让我打开了世界的另一扇窗，发现了一个全新的自己。我将永远热爱彭老师的街舞课，也会自强不息、努力拼搏。未来的日子里，体育将会成为我的习惯和爱好，永远让我开心。

这位学生的精彩总结和分享如同璀璨星光，不仅仅照亮了自己的道路，更在不经意间成为他人前行路上的明灯，温暖并点亮了周围的世界，让每个角落都感受到了体育课的光芒与温暖。

引用几位选修大三男生街舞体育课的学生学期总结的部分内容，了解他们对体育课的评价。

学生一：

作为彭老师的街舞课学生，经过一学期的学习，我深刻地感受到体育课给我带来的改变。

在身体素质方面，街舞课对我的锻炼非常有益。街舞是一种富有节奏感的运动，需要和音乐完美结合。通过练习舞蹈动作，我不仅增强了肌肉力量、协调性和耐力，还提高了身体素质。在学习街舞的过程中，我发现了身体各个部位的弱点，尤其是在进行身体分离（Isolation）时，表现得不够理想。通过不断练习，我逐渐加强了身体的协调性和平衡感。

在交际方面，街舞课给予了我许多帮助。每节课前，班级同学互相进行自我介绍，这使我们的集体更加团结与凝聚。不仅如此，这门课也增强了我的自信心。街舞是需要多人同步演出的，因此在课堂上我们除学习舞蹈动作外，还要进行互动。通过共同学习、排练和表演，我和同学们建立了密切的联系，增强了沟通能力和协作精神。在表演舞蹈的过程中，我克服了紧张和不自信，展现了自己的才华和魅力，从而更加自信和开放，这些能力对我的未来发展产生了积极影响。

在心理方面，街舞课带给了我很多正面的心理体验。街舞需要我不断地追求进步和完美，但也能让我获得成就感。在学习舞蹈动作时，尤其是掌握了难度较大的动作时，我会感到非常兴奋和骄傲。这些积极的心理体验能够提高我的自我价值感和自尊心，改善我的生活质量。

在街舞课中，我提高了自我管理能力。在学习、排练和表演的过程中，我需要有很强的自我管理能力，如准时到达、小组合作等，这些都要求我具备良好的自控和自律能力。通过长时间的训练，我逐渐养成了良好的行为习惯，学会了如何有效管理时间，从而在学术、工作及日常生活中都更加高效、更易获得成功。

街舞课教会了我如何接受失败和挫折，以及如何积极面对挑战。在街舞学习和表演的过程中，我遭遇过失败和挫折，但是通过不断地尝试、努力和改正错误，我逐渐认识到了自身的不足，并加以改进。同时，在彭老师的指导下，我也学会了积极面对挑战，为了取得更好的成绩而不断努力。

总之，街舞课的学习让我走出了自己的舒适区，提高了我的身体素质、交际能力、心理素质和管理能力等。这些技能和经验将会对我未来的发展与人生路径产生积极的影响。同时，在学习过程中，我还结交了许多志同道合的朋友，这也给我带来了珍贵的回忆。我非常感谢彭老师和学校提供这样一个丰富多彩的课程，让我在体育课中收获如此多的宝贵经验与知识。

学生二：

很高兴这学期选修了彭老师的三年级男生街舞课。刚开始上街舞课的时候，我对街舞一无所知，几乎是从零开始。然而，彭老师耐心地指导我们，帮助我们掌握基本的舞步和动作。她不仅教我们舞蹈技巧，还分享了街舞文化和历史知识，让我们更好地理解这一艺术形式。她总是鼓励我们勇敢尝试，并相信我们可以做到。这样的正能量激励着我不断努力，超越自己。

在接下来的几个月里，我不仅在舞蹈技巧上取得了进步，还发现了街舞对我个人成长的积极影响。街舞让我变得更加自信，更有表达自己的勇气。在舞蹈中，我可以尽情地展示自己的热情和个性，没有任何顾虑。每次的舞蹈练习都是对自身的挑战，也是对无限潜力的探索。我学会了倾听音乐，感受节奏，并通过舞蹈表达自己的情感。

更重要的是，街舞课让我收获了深厚的友谊。我们组成了一个小组，一起练习并准备结课汇报。在这个过程中，我们互相鼓励和帮助，形成了紧密的团队。每次排练都充满了欢笑和快乐，我们一起度过了难忘的时光。

通过参与这门街舞课，我不仅学到了舞蹈技巧，还收获了很多宝贵的人生经验。我学会了如何坚持不懈地追求梦想，如何克服困难和挑战，如何与他人合作，以及如何表达自己的个性。这些技能和品质将对我未来的发展与职业生涯产生积极影响。

彭老师是这门课程的关键人物，她的教导和激励对我产生了深远的影响。她不仅是一位出色的舞者和教师，还是一位关心学生的良师益友。她总是鼓励我们发挥自己的特长和创造力，并给予我们足够的自由和空间去展示个性。她的激情和热爱感染了每位学生，让我们对街舞充满了热情和动力。

街舞课给予了我一个舞台，让我能够展示自己的才华和激情。每次的舞蹈表演都是一次难忘的经历，我能够感受到舞蹈带来的无限魅力和快乐。

此外，街舞课也为我提供了很好的放松和减压机会。在学习和生活的压力下，街舞让我能够释放自己，尽情地享受舞蹈带来的愉悦和自由。每次的舞蹈练习都成为我舒缓压力的重要途径。

总的来说，三年级男生街舞课是我大学体育课程中最难忘的一门课程。我从

▶ 不一样的高校体育教学：一名体育教师的探究笔记

零基础开始学习街舞，在彭老师的指导和鼓励下，我取得了长足的进步。这门课程不仅让我掌握了街舞技巧，还培养了我的自信心、合作精神和表达能力。我将继续保持对街舞的热爱，并将所学运用到自己的生活和未来发展中。

学生送给我的小礼物如图 23-1 和图 23-2 所示。

图 23-1　学生送给我的小礼物 1

彭）鹏程万里而上	朋友四面八方
建）健康胜过刘翔	老师美丽大方
敏）敏捷犹如猎豹	师生欢聚一堂
老师）	永远热泪盈眶
超）超越自我为王	愿您身体健康
美）美好生活需要	第一我们勇闯
丽）立志宇宙最强	神仙相聚四方

图 23-2　学生送给我的小礼物 2

24　一位国际生的追随

2021 年 9 月至 2022 年 1 月春季学期，由于新冠病毒肆虐，国际生的体育课大多在线上进行。我的一门大一线上体育课的开课时间是北京时间晚上 7 点。在加拿大多伦多的两位学生每周都是早晨 6 点来上课，欣慰的是，他们从没迟到和缺席过。还有一位来自美国的女生叫何睿，我想讲述关于她的"一位国际生从线上到线下上体育课的故事"。其实，在给何睿他们上完大一第一个学期的线上体育课之后，在 2022 年秋季学期，我本来也有一门线上课，由于这个时间段选课的人太少，这门课被取消了。那几位选课的学生都在上学期上过我的线上课，因为他们有我的微信，所以直接问为什么课被取消。在得知课被取消后，在美国的何睿跟我说："老师，我特别想上您的体育课，我想下学期从美国到清华去上您的线下课可以吗？"她宁愿不远万里，都想追随我的体育课……听完她的话，我感到特别温暖与感动。作为一名教师，总有很多瞬间触及心灵。何睿后来成为我大一下学期周二下午课的学生。在和学生成为朋友的同时，温暖的也是我们自己。真心感叹，教学过程中的育人实际上更是一场自我的修炼。

我的部分线上国际生学生如图 24-1 所示。

图 24-1 我的部分线上国际生学生

▶ 不一样的高校体育教学：一名体育教师的探究笔记

25 赛场上不一样的体育课堂

在清华，除了本科生体育课，还有课外体育课，如贯穿全年的"马约翰杯"运动会、由教师和体育助教共同监督的课外锻炼、别具清华特色的校园马拉松等。这里，我想提及清华大学体育代表队，尤其是由普通学生组成的 C 类代表队，它是体育课堂的延伸与拓展，是清华进一步以体育人的媒介，影响深远。

清华大学体育代表队以"全面发展、育人至上、体魄与人格并重"为理念，倡导"体教结合"的教育方针，努力培养德智体全面发展的学生运动员。

清华大学体育代表队有着优良的传统。清华大学从创建伊始便十分重视校园体育活动的开展和优秀体育人才的培养。1912 年，学校成立了体育部，加强对学生体育锻炼的教育引导。之后，清华的田径、足球、篮球和棒球等代表队在华北地区乃至全国的比赛中均取得过优异成绩。

1954 年，在蒋南翔校长的倡导下，清华大学体育代表队大规模成立，包括田径、技巧、足球、篮球和排球五个项目，共计 200 余人[①]。清华大学体育代表队曾涌现出蓬铁权、陈铭忠、张立华等老一辈运动健将。改革开放后，清华大学体育代表队又培养出张军、安虎等全面发展的优秀学生运动员，成为清华学生全面成长的典范。

1994 年，清华在培养运动员的体制上进行了改革，开始培养高水平运动员。清华现有 55 支学生体育代表队，分为 A、B、C 三类队伍、44 个项目，共 1300 余名学生运动员，是全国高校中体育代表队规模最大、涵盖项目最完整的。田径、篮球、射击等高水平队员可代表中国大学生或加入国家队参加国际赛事，排球、

---

① 叶宏开，韦庆媛，刘波，等. 体魄与人格并重：清华大学百年体育纪略[M]. 北京：清华大学出版社，2011.

游泳、健美操、击剑、足球等队员也可参加各类高水平赛事。

清华 C 类体育代表队是由普通学生组成的代表队，每周有两次固定的训练，可代表学校参加北京市乃至全国的各类赛事。很多 C 类体育代表队队员作为运动教练，指导院系同学开展体育锻炼，具有广泛的群众基础，全面引领和带动校园群众体育氛围，在推动群众性体育活动方面发挥了重要作用。"马杯教练团""西体训练营""马约翰日""一小时师生锻炼计划"等校园体育活动的影响力持续增加，每年累计覆盖近 2 万人次。1954 年 2 月，时任清华大学校长的蒋南翔在参加体育教研室教师和体育积极分子的座谈会时，灵活运用辩证法，提出"在普及的基础上提高，在提高的指导下普及"的学校体育工作方针、指导思想。清华 C 类体育代表队很好地诠释了蒋南翔校长的理念。

我是清华 C 类体育代表队啦啦操队的教练，啦啦操队是由有兴趣爱好的非体育特长生的普通学生组成的，每学期有 30 多位学生能坚持训练。这些学生在日常训练中认真努力，在比赛中表现出的自律、自信、与时俱进、积极奋发及自强不息的精神和品质，令我特别感动。啦啦操队的学生们依托自己满腔的热爱与激情，全身心地投入自己所爱的兴趣中，然后为校拼搏和争光，取得多次北京市的各类比赛冠军，为他们骄傲和赞叹。体育育人，在课内，也在课外；在校内，也在校外。不一样的体育课堂在平时，也在赛场。

清华大学啦啦操队及我和啦啦操队队员一起参加校内演出合照如图 25-1 和图 25-2 所示。

图 25-1　清华大学啦啦操队合照

图 25-1（续）

图 25-2　我和啦啦操队队员一起参加校内演出合照

26　体育学习场景的革命

2022 年，我在暑期读了著名教育学家戴维·索恩伯格（David Thornburg）的著作《学习场景的革命》，书中的第一句话——让场景本身具有学习力[1]，击中了我的心灵。我在反思，我们的场景是否具有学习力？怎样的场景是具有学习力的？如何设计与运用？索恩伯格在书中详细介绍了四种学习场景：萤火、水源、洞穴和生活。萤火是专家演讲的地方，即教师讲解之处，与课堂讲授教学相似；水源是与同伴深入探讨的地方，与小组学习相似；洞穴是独自安静反思的地方，与学习时的独立思考相似；生活是将所学到的东西投入实际应用的地方，与社会实践

---

[1] 索恩伯格. 学习场景的革命[M]. 徐烨华, 译. 杭州：浙江教育出版社, 2020.

相似。学习场景的革命与学习方式的革新，预示着我们需要从零星的知识光芒（萤火）中抽离，转而深入探索知识的源泉（水源）、挖掘智慧的洞穴（象征着深度学习与探索未知），并将所学融入日常生活的实践中，实现学以致用的深刻转变。这不仅是技术革命对教育结构提出的新要求，还是个性化教育与创造性培养的新趋势。

对于每个上进的人来说，高效学习一直是他们追求的目标。但是很多人对于高效学习的认知仅仅聚焦在学习这个动作本身。这时作者提醒我们，还有一个重要因素与学习这个动作同样重要，那就是学习场景。经过观察索恩伯格发现，一个完整的学习过程包括一个人接触新知识、跟人交流讨论、自己思考与理解、将知识用于实践，这些关键的节点对应四种学习场景。

下面详细介绍四种学习场景。

第一种是萤火。萤火最早代表原始人围在一起，听部落里最年长、最权威的人讲述自己在哪里捕获了猛兽、发现了新的水源。在现代社会，萤火代表教室场景或者演讲场景。在传统的教育模式中，萤火场景占据主导，我们从小到大经常会处于这个场景中，对这个场景再熟悉不过了。

萤火的核心作用是教师为学生引进新的知识与信息，以达到下课后学生自发探索、思考的目的。索恩伯格发现，教师只有提出一个好问题，才能引起学生探索的兴趣。一个好问题应该具备三个特点：第一，问题应与学校的教学大纲相关；第二，问题应足够有趣；第三，问题难度应适中。一个好问题胜过一百个好答案，教师需要引导学生发现更多的问题，进行更多的思考。当带着问题去学习时，会比别人收获更多。

第二种是水源。在原始社会，找寻水源是最重要的任务，大家会出谋划策、共同协作。在现代社会，水源场景就是同龄人之间发生交流、讨论的地方。水源场景拥有萤火场景所不具备的特点：学习成果是不可预测的。大家在一起交流时，不会有权威的限制，会碰撞出更多的火花，这样能够更好地激发创意，因此，水源场景是不可或缺的重要场景。

第三种是洞穴。在原始社会，原始人躺在洞里，闭上眼睛，思考明天去哪里捕猎。在现代社会，洞穴场景就是我们进行独立学习和思考的场景，在此对知识进行消化吸收、理解掌握。当然，独立思考不等于没有任何目的、自己躲在房间里空想，而是需要给出具体方向和内容。

第四种是生活。不难发现，原始人的生活都需要通过实践检验。理论与实践之间存在一条沟壑，只有自己动手实践，知识才能刻在我们脑子里。新教育实践发起人朱永新教授指出，学习场景的革命意味着我们要更多地从萤火撤出，走向水源、洞穴和生活。

在当今社会，科技得到了很大的发展，人们的学习方式却没有得到很大的改善。索恩伯格发现，技术发展了，但是教师的思维和学校的设计都远远落在了后面。这恰恰是技术的发展对传统的教育模式提出的挑战。索恩伯格认为，与其阻止，不如考虑如何有效利用新的技术，能够在技术的加持下，以学生为中心，因材施教，这是当前个性化教育发展的新趋势。

对于体育教学，我们有传统上课的萤火场景，有一起交流讨论的水源场景，也有独立思考的洞穴场景，更有从理论到实践的生活场景。随着新时代技术的发展，体育教学要充分利用契机，进一步激发学生的兴趣。相信在不久的未来，体育教学能够出现更有意思、更科技化、更人性化的萤火、水源、洞穴和生活四种学习场景的结合。

人是教育和学习的主体，在技术的支持下，如何背靠系统面对人是我们需要长期思考的问题。通过体育学习场景的革命，让每位学生都能成为更好的自己，成为一个独一无二的人。

27 体育课的新视角：全球体育融合课

面对疫情对全球高等教育的挑战，借力快速发展的互联网与信息技术，清华大学积极构建全球化课堂，探索实现海内外学生"同上一堂课"，保障并增加了学生跨地区、跨文化学习的机会。全球融合式课堂让学生的交流更为便利，更多学生可以通过课程了解一所大学乃至一个国家，满足了不同学生多元化的学习需求。同时，此项持续创新的工作给教师组织教学内容、确定教学方式带来了许多挑战，未来我们需要进一步加强交流合作，优化学生的学、教师的教，促进人才培养。

清华体育紧跟国家和学校步伐，随机应变地采取恰当的方式应对变化。为了使远在世界各地的清华学子有机会体验清华大学的体育课，于是就有了清华大学的全球体育融合课。融合是指线上线下融合。线下体育课的学生正常在体育馆上课，而在世界各地的暂时不能返校的学生通过线上方式上课，他们大多数是国际生。另外，我的街舞课也开设了全球体育融合课，即除清华外的学生，来自世界各地其他院校的学生也可以选这门课。

不同课程的体育融合式课堂的教学组织方式不同，它们各具特点，求同存异。街舞课具有多国家、多风格融合的特点，需要充分了解学生情况，调动每位学生的积极性，使每位学生都可以成为优秀的舞者。同时，街舞课试图找到传统文化的表达空间，以中西对比的多元视角来引导学生理解街舞传达的理念，并且在教学过程中结合循序渐进的实践方式，引导学生感悟和体会。无论如何，全球体育融合课要从细节处见匠心，进行循序渐进的能力培养和全方位与多方式的沟通交流，消除学生的空间距离感、时间距离感和实践能力差异。

全球体育融合课进一步促进了教学相长，不同国家和不同文化背景的学生可以根据各自的特点进行展示分享，结合多元化的表达进行课程实践，扩充了学生的知识结构，丰富了课程内容和全球化视角。同时，它还提升了中国学生的全球胜任力及语言能力，增加了国际生的归属感。大力发展全球融合式课堂是清华大学2030全球战略中的一项。全球融合式课堂进一步促进了国内外高校的双向交流和合作，更多国外学生可以感受到中国的技术发展和文化氛围，国内外学生相互带动、相互促进，从而获益更多。

清华的全球融合课为讲好中国故事提供了新平台，清华的全球体育融合课也不例外，以教育数字化推动教育对外开放，利用信息技术促进教育教学的国际合作，并依托全球融合课这个小舞台，推动不同国家在国际大舞台上的交流与对话。全球体育融合课的意义深远，为推动构建人类命运共同体作出贡献。

我和全球体育融合课的学生合照如图27-1所示。

图27-1　我和全球体育融合课的学生合照

28 我是体育班主任

我于 2003 年入职清华大学，19 年后的 2022 年，在学校与体育部教学改革的共同推动下，我第一次成为体育班主任。在清华大学，学生在四年本科学习过程中，所有的体育活动由体育班主任负责。为实现清华大学第 26 次教育工作讨论会提出的"完善教育评价体系，优化培养组织模式，提升高层次人才培养能力"总体目标，探索新形式体育课内教学与课外锻炼一体化的组织模式，改革和完善体育课程评价体系，最终实现培养兴趣、养成锻炼习惯、提升运动技能、增强身体素质的培养目标，清华大学体育部联合土木水利学院共同探索制定体育课程评价改革创新模式方案。

教学改革的目标是：①深入学习和掌握体育运动知识与专项运动技能；②掌握身体锻炼方法和养成自觉的锻炼习惯；③培养和选拔参加学校、院系等各级体育竞赛的拔尖人才；④实现体育课程评价模式的改革创新。2022 年秋季学期，针对大一新生，我们开始实施这项教学改革。土木水利学院的体育课分别由四位教师承担，每位教师带一个班，而且一带就是 3~4 年。在这期间，每位教师负责这个班的教学、课外锻炼、体育竞赛等一系列体育相关的工作。在担任体育班主任期间，我们跟学生接触频繁，能最真切地感受到体育带给他们的变化。尤其是我们要求他们写体育日志，用文字和数据记录自己在体育锻炼方面的成长。这种方式不仅让体育对学生身体、心理、社会交往等方面产生的积极影响可见，还帮助他们学会记录自己的转变与发展，这将是他们人生路上极其宝贵的财富。

▶ 不一样的高校体育教学：一名体育教师的探究笔记

　　这项教学改革从2022年秋季学期开始实施至今，学生们的成长和进步有目共睹。作为体育班主任，我们带领学生在绿茵场上开展运动，我们以满腔的热情和不懈的热爱绘就一幅生动活力的体育课风貌图：阳光透过树叶的缝隙，斑驳地洒在他们青春洋溢的脸庞上，每滴汗水都闪耀着对运动的热爱与追求；在操房里，在音乐的伴随下，学生们身心灵动，身手逐渐矫健，每次街舞技术的进步都伴随着教师和队友们的欢呼与鼓励，他们的眼神中充满了对突破的欣喜和对教师与伙伴的信赖，这份热爱让他们忘却了疲惫，只留下对运动的无限向往；在跑道上，学生们或快或慢地奔跑着，每步都坚定而有力，他们相互激励，共同挑战自我极限，仿佛每次呼吸、每次脚步的落地都是对生命力量的颂歌。这项教学改革实施两年来，学生们在课外积极参与各种体育社团和俱乐部活动，通过组织比赛、交流心得等方式进一步加深对体育运动的热爱。这份热爱驱使他们不断突破自我，向着更高的目标迈进。羽毛球场、排球场、棒球场……每个运动场所都充满了他们对体育课、对体育的热爱与投入。他们或挥汗如雨，或笑语盈盈，在运动中释放着青春的激情与活力。这份热爱不仅仅让他们收获了健康的身体，更让他们学会了坚持、勇敢和团结。此外，他们乐于分享自己的经验和技巧，也愿意倾听他人的故事和建议。这种开放包容的态度让体育课成为一个充满正能量和友谊的大家庭，也让他们在未来的人生道路上拥有了更加坚韧不拔的精神和勇往直前的动力。

　　从我的角度来看，我们班上的学生在课上的主动性和积极性是朝着改革希望的方向发展的。尽管改革实践时间短，但是学生们的表现的确像我们设立的目标那样一切向上、向好。我有一次情不自禁地告诉他们："每周我都特别期待和大家见面，不论是课外辅导还是体育课，因为和你们在一起上课有一种'双向奔赴'的感觉，能产生心流状态。"心流是心理学上的一个概念，是指人们在专注进行某行为时所表现的一种心理状态。通常在此状态下，会产生一种将个人精神力完全投注在某种活动上的感觉,全力投入,不愿被打扰,也称抗拒中断。心流状态产生的同时会伴随着高度的兴奋及充实感。我很庆幸加入这项教学改革,很庆幸在教学 21 年后还能产生和学生一起上体育课的心流状态,很庆幸作为体育班主任陪伴学生从入校到毕业,我见证了他们的变化和成长。

我和学生的合影如图 28-1 所示。

图 28-1　我和学生的合影

29 和学生共享体育教育发展的愿景

写到这里,我感慨万千,我在成为体育教师的 20 多年里,见证了清华大学体育教育的发展。面向未来的教育该是什么样的?未来的社会需要怎样的人才?2023 年 8 月,《光明日报》刊发中国科学院院士、清华大学党委书记邱勇的文章

《坚持人才引领驱动 推动中国特色世界一流大学高质量发展》。文章指出，人才是实现民族振兴、赢得国际竞争主动的战略资源。高校坚持人才引领驱动，就是坚持人才引领发展的战略地位，把发展科技第一生产力、培养人才第一资源、增强创新第一动力更好地结合起来，培养大批德才兼备的高素质人才，不断创造与国家发展需要丝丝相扣的重大创新成果，推动中国特色世界一流大学高质量发展，服务社会主义现代化强国建设①。

第三届世界高等教育大会于2022年5月在西班牙巴塞罗那召开。大会发布的《超越极限：重塑高等教育的新路径》（Beyond Limits: New Ways to Reinvent Higher Education）指出，面对日益复杂和充满挑战的全球局势，我们需要迈出大步（Take a Quantum Leap）重塑（Reinvent）高等教育，为世界高等教育未来的可持续发展绘制蓝图。大会的主题是"重塑高等教育，实现可持续未来"。

第三届世界高等教育大会提出了高等教育未来发展的六大基本原则。一是包容、公平和多元化，主题词是公平，公平是第一原则。二是学术自由和所有利益攸关方参与，主题词是利益攸关方。所有利益攸关方不但包括大学内部的师生、管理者，而且包括社会、政府、企业，以及雇主和用人单位。三是培养探究式思维、批判性思维和创造力，主题词是创造力，高等教育的质量标准从原来的"我会干，我能行"变成"我敢闯，我会创"。四是诚信和道德，主题词是道德，学生不仅要成才，还要成人。五是对可持续和社会责任的承诺，主题词是社会责任，即高等教育发展的小逻辑要服从社会经济发展的大逻辑。六是通过合作而非竞争实现卓越，主题词是合作，这是未来社会发展需要的，也是高等教育发展需要的，要通过合作实现卓越。

第三届世界高等教育大会还提出了高等教育未来发展的六大变革方向。一是

---

① 邱勇. 坚持人才引领驱动 推动中国特色世界一流大学高质量发展[EB/OL].（2023-08-22）[2024-08-20]. http://theory.people.com.cn/n1/2023/0822/c40531-40061230.html.

公平和可持续地享有高等教育。二是为学生提供更全面的学习体验，强调以学生为中心，特别是以学生的学习发展为中心，而不是以教师为中心。三是推动跨学科、超学科的开放和交流，这与我国高等教育"新工科、新医科、新农科、新文科"建设提出的"交叉融合再出新"十分契合。四是提供满足青年人和成年人终身学习需求的途径，我国高等教育进入普及化阶段，要向适龄的青年人和成年人提供终身学习机会。五是构建内容多样、方法灵活的综合学习体系，高等教育要满足不同人的不同需要，要推动多样化发展。六是技术赋能高效的教学、学习和研究，高等教育数字化要为教学、学习和研究提供有效支撑。

第三届世界高等教育大会的三个关键词是超越极限、新路径、重塑。超越极限就是要超越高等教育的"围墙"，打破学科专业间的、高校间的、高校与社会间的壁垒。新路径就是要打破原来高等教育的路径障碍，强调探索和创新。重塑是要建立高等教育发展的新范式。这三个关键词归结起来就是创新发展，就是创新、创新、再创新。当前，我国高等教育发展所强调的根本动力与世界高等教育大会的主题高度契合、同频共振。新时代中国高等教育的定位是什么？教育部副部长吴岩的答案是"更中国""更国际""更创新"。"更中国"就是扎根中国大地办大学，"更国际"就是要有国际发展共识，"更创新"是第三届世界高等教育大会给出的关键词[1]。新时代中国高等教育发展的重要任务是什么？就是走好中国人才自主培养之路。新时代中国高等教育发展的主要目标是什么？就是建设世界重要人才中心和创新高地。基于对全球大学人才培养模式的分析，立足于清华大学现有人才培养特色及融通战略，清华大学体育教育对人才的培养，探索扎根中国、融通中外的大学人才培养模式，将国家重大战略需求融入人才培养和体育教育的布局中，不断创新，为科教兴国战略提供全方位健康人才。

---

[1] 吴岩. 吴岩：国际共识 中国创新——准确把握新时代高等教育发展的着力点[EB/OL]. （2022-08-09）[2024-08-20]. https://www.eol.cn/news/xueshu/hui/202208/t20220809_2241040.shtml.

在时代发展的过程中，清华的体育教学秉承传统的同时，不断创新，不停超越自我，持续重塑，一直在开辟新路径的征途上砥砺前行。

30 和学生一起努力成为优秀的清华人

我在清华从教20多年，教过的清华学生粗略估计有20000人。

在这20多年间，在清华大学教学理念的指引下，我深耕于对学生的价值塑造、能力培养和知识传递。为了实现理想，我在体育教学中形成了独特而鲜明的教学特色和自身的体育教学观。

1. 发展的教学理念

（1）通过体育教学，帮助学生实现身体和心理的共同健康、和谐统一，引导他们积极追求与享受健康和美，让体育成为他们走入社会、展开精彩人生的永恒火焰。

（2）从广度和深度上让学生了解到，体育是一门综合性的应用学科，涉及数学、物理、化学等基础学科知识，也涉及计算机、生物技术、心理学等跨领域的应用学科知识。通过体育教育，多角度培养学生的创造性、创新性、开拓性、批判性思维，深化学生对世界万物关系的理解。

2. 积极的教学氛围

用我的激情和热情让每堂课都能深深打动学生的心——用学生喜爱的方式点燃他们心中爱的火焰，点燃他们充满激情的灵魂。

（1）在工作中，以身作则、言传身教、注重自我提高，当好学生的引路人，努力成为学生为人、为事、为学的示范。

（2）在教学和生活中，亲学生，爱学生，跟学生距离近、关系亲，实现有温度的教育，做到知其心、育其人，重视教育的全过程，增加学生对集体的归属感和价值感。

（3）通过问卷调查、访谈、微课、课外辅导等方式，随时了解学生课内外对教学内容的掌握情况，以及需求和进步。不仅仅让自己的教学与时俱进，更进一步促进学生学、知、行的统一，激发学习冲动，激励学生坚持科学训练。

3. 优秀的教学方法

努力成为学生心中的教育"筑梦人"。在教学过程中，不断改进教学方法，逐渐优化教学体系。

（1）采用 PBL（Problem-Based Learning，问题驱动教学法），以及对照式、引导式、启发式教学方法等，以问题为导向，以学生为中心；采用研究性学习教学模式，以培养学生的研究性能力和追求卓越的态度，以及发现问题、提出问题、解决问题的能力，让学生懂得是什么、为什么、怎么做，知其然更知其所以然，从本质上认可自己，改善自己，发展自己，获得健康。

（2）将最先进的科研成果引入高校体育课堂；将看似复杂的运动训练科学地融入游戏中；将音乐、绘画等艺术形式融入体育，使体育与美育交融，提高教学质量；并采用经典的实验测试方法，通过对比实验研究检验体育课的教学效果。

在不断学习、钻研、投入、改革的过程中，我的课深得学生的喜爱，培养了一批批健康、自信、充满激情的清华学子，他们在祖国甚至世界的不同领域作出贡献，实现自己的梦想，为实现中国梦而奋斗。

4. 突破性的教学奖项

我在教学路上不断探索与拼搏，获得了很多突破性的教学奖项。

(1) 2008年和2016年两次参加清华大学青年教师教学大赛并获得一等奖。

(2) 2017年获得北京市高校青年教师教学竞赛文科组一等奖第一名——这是体育教师第一次获得该赛事文科组第一名，体现了体育作为一门综合性学科在高校教学中的地位与意义，也向北京市的体育教师们展示了一种区别于传统体育教学的，既有高度、深度、广度、密度，又有强度和温度的教学形式。

(3) 2018年参加第4届全国高校青年教师教学竞赛（以下简称青教赛）决赛，并再次获得一等奖。这是全国高校青教赛开办以来，第一次有体育教师获得一等奖。这是全国的体育教学战线上的教师们的一剂强心针，是体育教师共同的荣誉，激发了同人们对体育教学的激情、思考和创造，为体育教学改革与社会发展的和谐统一努力奋斗。

(4) 2023年获得北京市第7届高等学院青年教学名师奖。

我在教学上的突破充分体现了我对体育教学的无限激情与热爱。爱教学，爱讲台，爱学生；带领学生享受乐趣、增强体质、健全人格、锤炼意志；以赛促教，肩负使命、追求卓越，努力诠释一名体育教师的光荣与梦想。我在实践中践行自己的教育梦想，努力成为一名"四有"好老师，成为学生的引路人，成为中华民族伟大复兴事业的一名教育"筑梦人"，和学生一起努力成为优秀的清华人。

我的一些参赛画面如图30-1～图30-3所示。

图30-1　2016年参加清华大学青年教师教学大赛画面

图 30-2　2017 年参加北京市高校青年教师教学竞赛画面

图 30-3　2018 年参加第 4 届全国高校青教赛画面

第二部分

创新性高校体育教学在清华的实践

31 "五育一体"体育课程思政

顺应时代潮流,培养时代新人。我们有新的理念和实践,就像邱勇老师说的那样:"自强是清华人的精神底色,创新是清华人矢志不渝的追求。要自强,必创新;唯创新,才自强。"[1]我们在国家的要求与习近平总书记的嘱托下创新和实践。

习近平总书记在庆祝中国共产党成立 100 周年大会上指出,新时代的中国青年要以实现中华民族伟大复兴为己任。面对新时代学校教育机遇与挑战并存的形势,抓住立德树人这个根本使命,加强与践行体育课程思政,培养以实现中华民族伟大复兴为己任的新时代中国青年,解决好培养什么人、怎样培养人、为谁培养人这几个根本问题,已成为每个学校体育教育工作者必须思考、回答并全面落实执行的紧要工作。

一、课程思政的内涵

课程思政是一种教育理念,是用习近平新时代中国特色社会主义思想铸魂育人、贯彻党的教育方针、落实立德树人根本任务的教育理念创新、教育方法创新和教育实践创新。它的新定位与首要任务是培养社会主义建设者和接班人,做好课堂育人是基础,使立德树人贯彻教育教学的始终,并落实到学校的育人培养目标中。课程思政建设的核心是:课程门门有思政,教师人人讲育人,所有课堂都

---

[1] 邱勇. 自信从容迈向未来 自强创新不辱使命——在庆祝清华大学建校 110 周年大会上的致辞[EB/OL].(2021-04-25)[2024-08-20]. https://www.tsinghua.edu.cn/info/1668/83435.htm.

是育人主渠道①。对于教学一线的教师，需要深入探求课程思政的深意，了解课程思政在所有课程中的地位、作用、内容、方式和功能，明确其培养目标，努力构建全面培养人的教育体系，健全立德树人人才培养方针，并全力落实到每堂体育课中。

二、体育课程思政的内涵

国家对体育课程思政顶层设计高屋建瓴，全面推进课程思政建设是落实立德树人根本任务的重要战略举措②。2020年10月15日，中共中央办公厅、国务院办公厅印发的《关于全面加强和改进新时代学校体育工作的意见》中明确提出，学校体育对于弘扬社会主义核心价值观，培养学生爱国主义、集体主义、社会主义精神和奋发向上、顽强拼搏的意志品质，实现以体育智、以体育心具有独特功能。

回归到学校体育课程思政的本原。首先，我们需要理解体育育人的独特价值和全面性。体育精神与体育道德为立德树人理念提供了强有力的支撑。体育特有的身体教育能够激励学生培养自尊、自爱、自信、自立、自律及自强不息的品质。同时，体育美学引导学生了解、欣赏并创造人体美、运动形式美，激发其审美情感，提高审美能力，并帮助他们发现和探究体育美学的规律。其次，我们需要深入挖掘体育运动的思想性、政治性，并将其与思政理论对接、融合，使其润物无声地融入学校体育教学中，使体育课程能够真正成为学校课程思政建设的主战场、排头兵。体育课程思政的内涵理解如表31-1所示。

---

① 吴晶，胡浩. 习近平：把思想政治工作贯穿教育教学全过程[EB/OL]. （2016-12-08）[2024-08-20]. http://www.xinhuanet.com/politics/2016-12/08/c_1120082577.htm?agt=8.
② 教育部. 教育部关于印发《高等学校课程思政建设指导纲要》的通知[EB/OL]. （2020-06-01）[2024-08-20]. http://www.moe.gov.cn/srcsite/A08/s7056/202006/t20200603_462437.html.

表 31-1 体育课程思政的内涵理解

方面	内涵
地位	体育课堂是体育课程思政的主渠道
作用	培养社会主义建设者和接班人
内容	1. 社会主义核心价值观的要求 2. 实现民族复兴的理想和责任 3. 培养德智体美劳全面发展的时代新人
方式	有机融入、潜移默化、润物无声
功能	同向同行，形成协同效应

综上，体育课程思政的内涵指以育人为目标，以体育课堂为体育课程思政的主渠道，将社会主义核心价值观的要求、实现民族复兴的理想和责任及培养德智体美劳全面发展的时代新人的目标有机融入体育课程；通过勤学苦练，凭借敢打敢拼、不畏失败、敢于胜利的体育精神，培育具有强壮的体魄、顽强的意志、积极向上的态度与国际化的视野，忠于祖国、保卫祖国，具有家国情怀的社会主义建设者和接班人。

三、新时代学校"五育一体"体育课程思政的内涵

新时代检验学校工作的基本标准就是审核其立德树人的成效，我国体育教学开拓创新的未来发展道路，必须不断深化对体育课程思政内涵的认知和理解，彰显体育思政的独特魅力，坚定不移地践行体育课程思政与立德树人的教育理念，让受教育者有目标、懂规则、善交流、会合作，健康地生活。同时，体育在爱国主义和奉献精神的教育上独树一帜。新时代学校"五育一体"体育课程思政是在课程思政引领下，强调教学过程全程育人的主线，突出社会主义核心价值观教育，充分体现新时代学校体育教学以立德树人为先，有效将育德、育智、育体、育美、育劳有机融合，实现"五育一体"的教育理念，如图 31-1 所示。对标国家顶层政策要求，"五育一体"体育课程思政是新时代创新性体育课程思政的目标与特色。

```
                                    ┌─ 育德：立德树人，明大德 ─┐
┌──────────┐         ┌────────┐    ├─ 育智：以体育智，以智唤人 ─┤   ┌──────────┐
│新时代高校"五育│  育人  │"五育并举"│    ├─ 育体：以体育人，做时代新人 ─┤   │为谁培养人│
│并举"体育教学多├───────→│"三全育人"├───→├─ 育美：以体育美，体美互融 ─┤──→│培养什么人│
│元化创新研究│体育课程思政│        │    └─ 育劳：以体育劳，体劳互促 ─┘   │怎么培养人│
└──────────┘         └────────┘                                   └──────────┘
```

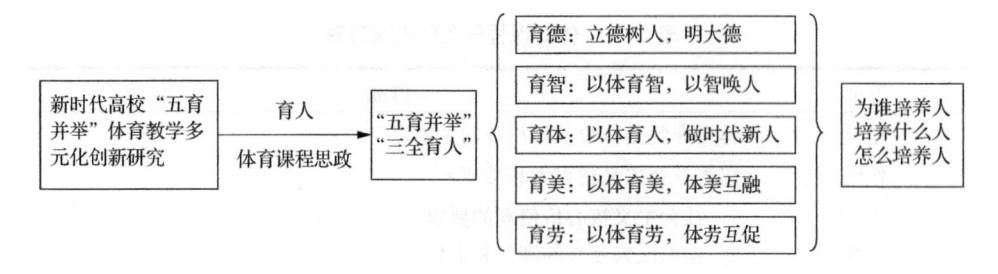

图 31-1　新时代学校"五育一体"体育课程思政

（一）育德：立德树人，明大德

"明德尚学"是中华文化和思想的传承。明德：光明之德，美德，即彰明伦理，完善品德。它体现了学校坚持育人为本、立德树人的理念与教育原则。尚学："尚"意为尊崇、注重；"学"意为学问、学习。尚学即倡导师生尊重知识，热爱和注重学习，追求真理，探索未知，树立终身学习的理念[①]。立德树人理念正是在继承中国优秀传统教育智慧和精髓的基础上逐渐形成与完善起来的。新时代体育课程思政中所体现的育德对体育教师提出更高的要求。

1. 体育育德的目标

育德是课程思政中最重要的一环，新时代学校体育课程思政的育德目标主要体现在以下几个方面：①培育学生热爱祖国、拼搏进取的精神，使其有坚强的意志和顽强的毅力；②教育学生有社会公德与文明美德；③培养学生团结合作、顾全大局及有责任担当的集体主义精神和道德；④使学生热爱生活、自觉自律，有理想抱负，有正确的世界观、人生观；⑤培养学生吃苦耐劳的精神，使其有勇气、有自信、能坚持、有进取心和决心；⑥使学生具有公平意识、牺牲精神、自由与规则意识；⑦以体育的技术性、竞技性及娱乐性培养学生积极乐观、健康向上等优秀的道德品质。新时代大学生首先要有"德行"，其次才是"才气"，培养德才兼备的社会主义建设者和接班人是育德的终极目标。

---

① 楼宇烈. 中国文化的根本精神及其传承[J]. 人民教育，2017（13）：10-29.

2. 体育为育德赋能

新时代，在学校重视课程思政的基础上，学校体育教师必须把课程思政的德育教育落实到每节体育课。首先，教师自身要重视政治理论学习，提升思政觉悟与认识。其次，教师要结合专业特长，发掘课程特色与思政特点，研究不同教学内容思政表达的契合点和融入度。再次，教师应以所授课程为载体，不仅要完成专业知识、技能的传授，还要厘清课程思政发展观的育人目标，寻求立德树人的突破口，体现学校体育课程以育德为根本。体育课程思政建设的重点在于教师对思政的理解、投入和言传身教，为学生的品德成长赋能。

新时代学校"五育一体"体育课程思政的育德是灵魂，是育人的领航标。育德是体育育人的第一步，也是最重要的环节。体育课程思政中的育德秉承立德树人、明大德的重要使命，努力培养又红又专、才高行洁、能担复兴大任的时代新人。

（二）育智：以体育智，以智唤人

1. 体育教育全面开启智慧

体育是社会发展和人类进步的重要标志，是综合国力和社会文明程度的重要体现[1]。体育的本质是教育，以促进人自身的全面发展为目标[2]。教育的原点是育人，育人离不开育智，体育教育能全面开启智慧。智育是授予学生系统的科学文化知识、技能，发展他们的智力和与学习有关的非智力因素的教育。体育的育智功能被多人多次论证过。体育教育家马约翰认为体育是完美的，他认为在特殊的体育教育过程中，德智体三者是统一的[3]。郭成吉等在研究体育锻炼对育智的功能

---

[1] 曲宗湖，郑厚成，张燕. 论我国高校体育改革的发展与构思[J]. 体育科学，1998，18（4）：6-9.
[2] 杨桦. 体育的概念、特征及功能——新时代体育学基本理论元问题新探[J]. 体育科学，2021，41（12）：3-9.
[3] 张斌，谷晨. 体育的迁移价值及影响它的教育因素——读马约翰《体育的迁移价值》[J]. 体育文化导刊，2005（6）：62-63.

时，对某重点中学部分高中生的体育锻炼、身体发育和文化学习成绩之间的关系进行了定量分析。结果表明，适量的体育锻炼可以促进机体各器官、系统（包括大脑和神经系统）的生长发育及功能改善，为开发青少年智力、提高文化学习能力提供了重要的生物学基础[①]。

2. 以体育智的人格培养

人格是指一个人的思维、情绪和行为的特征模式及其背后隐藏或外显的心理机制。人格是每个人的内部倾向性和心理特征，表现在知、情、意等心理活动的各个方面。它反映了个体在社会与生活环境中一贯表现出的行为模式，也就是个体在一般情况下表现出来的稳定且可预测的心理特征[②]。因此，体育教学对学生人格的培养也是育智的过程。从实现以体育智的视角，分析学校体育课程思政对学生人格的培养具有三重内涵。①为人：强调健全人格的重要性。完善的人格为学生的学业提升、能力培养及价值塑造提供了积极的内在动力。②为学：突出健康育智是学业的保障。学生要在体育课堂内外严谨求实地学习体育科学知识，脚踏实地地学习本专业学科内容。同时，在此基础上，他们还需努力提高个人健康水平，促进体育与智育的共同发展，为全面成长保驾护航。③为社会：提倡社会贡献思维。体育课堂帮助学生坚定理想信念，树立爱党、爱国、爱社会主义、爱人民、爱集体的大爱精神。只有懂爱的人，才会在未来的工作岗位上勤勤恳恳、精益求精，用所学的知识、能力和智能，为社会、国家的发展作出贡献。以上三者既统一又独立，彼此之间可以互相促进、共同发展，同时又缺一不可。

新时代学校"五育一体"体育课程思政的育智是养料，是育人的强化剂。在体育育人的过程中，师生间的互动与交融不仅仅锤炼了学生的体魄，更深刻孕育并激发了学生的智慧。这一过程体现在师生互动的强度和深度上，即教师通过高

---

① 郭成吉，陈志明，马学军，等. 体育锻炼"育智"功能探析[J]. 沈阳体育学院学报，2004，23（3）：418-419.
② 孙科炎，武义龙. 人格心理学[M]. 北京：中国电力出版社，2011.

强度的训练提升学生的体能,同时以深层次的引导启迪学生的心智成长,促进学生智慧与体魄的双重发展。这种强度和深度为学生提供了能量与价值传递,对他们产生深远的影响。体育课程思政中的育智是体育教育育人的本色。

(三)育体:以体育人,做时代新人

1. 育体是体育最显著的功效

体育最显而易见的功效就是育体,从毛泽东在《体育之研究》中的论述,到习近平在多次重要讲话中强调体育对增强体质的重要性,都可以看出这一点。事实上,增强体质是体育最直观的作用,强身健体是体育的根本任务。新时代学校体育课程思政的育体应明确,不仅要促进学生身体健康,还应注重对学生精神的养育。

2. 体育育体的新诠释

新时代学校"五育一体"体育课程思政的育体与育德、育智、育美、育劳互促互融。以所有学校都开展的排球课程为例,在育体的过程中,应提高学生的体能水平,使其更灵敏、更有速度、更富有力量。同时,排球课程的育体必谈中国女排精神。中国女排精神是一种顽强拼搏的精神,是祖国至上、振兴中华的责任感,是不抛弃、不放弃的意志品质,是团结一致、精诚合作的团队精神。在排球课程中,须将这种精神有设计、有方法且润物细无声地传递、融合。新时代学校体育课程思政的育体必须心系祖国,要以为国、建国、强国紧密相连。体育教师要立志用顶尖的体育教育,培养优秀的公民,保家卫国,携手改变世界。

新时代学校"五育一体"体育课程思政的育体是核心,是育人的主心骨。但本书中的育体不仅仅指强身健体,更要把体育精神与爱国主义交汇融合,弘扬爱国奉献精神,提升民族自信。把体育的顽强拼搏、团结奋斗的精神,坚持到底的意志品质,以及与时俱进、勇于创新、敢于突破、博大宽容的精神融入课堂中,真正做到强体为本、以体育人、德智体美劳互促，培养全面发展的时代新人。

（四）育美：以体育育美，体美互融

1. 体育教育的育美特征

体育是美的集结体，是集大成之美的代言。育美即培养学生发现体育之美、体会体育之美、创造属于自己的体育之美的能力。体育之美让体育课成为学生成长的加油站，使学生对体育从接受到享受。这是新时代学校体育课程思政育美的特征。①体育科学的育美。在体育科学领域，人性化、智能化的发展使体育之美人人可及。在课堂教学中，引用体育科学的思想和方法，可以帮助学生快速提高学习效率，领略体育科学的魅力，满足他们对美的渴望。体育课堂引领学生感受体育科学之美。②体育锻炼的育美。在体育教学中，可以引导学生体验竞技运动的对抗之美、拼搏之美、智慧之美、力量之美，还可以帮助学生感受大众体育的游戏之美、欢笑之美、团结之美、奋发之美。体育课堂立体而生动地展示体育之大美。③体育突破自我的育美。体育课堂要用经典的实验测试方法检验学生的学习效果，不仅能鲜活地表明正确指导的科学性，还能进一步调动学生的学习动机，激励学生坚持科学训练。运动成绩与机体机能数据的变化和提升，让学生感受到体育的流动之美、向上之美、突破之美。

2. 体育育人之大美精神

毋庸置疑，体育的美育功能无处不在。通过审美的视角宏观审视体育的全貌可知，体育展现了超越自我、不断突破极限的挑战之美和拼搏精神之美，体现了体育之大美。微观剖析学校体育的育美可知，体育表演类课程是体育与美育结合的具体体现，彰显体育学科交叉融合的特性，更加现实和具体地表现了体育课程思政的育美。体育学科的育美功能形成了新时代学校体育课程思政独具一格的魅力。

新时代学校"五育一体"体育课程思政的育美是宝藏，是育人的璀璨之笔。体育的育美激发学生的激情与热忱，带给学生诗意与浪漫，更赋予他们豪迈与活力，体育课程思政中的育美以体育美，体美互融，激励学生追求和探索美，指引其更好地生活，生命因体育而更加美丽。

（五）育劳：以体育劳，体劳互促

《中共中央 国务院关于全面加强新时代大中小学劳动教育的意见》指出，劳育是中国特色社会主义教育制度的重要内容，直接决定社会主义建设者和接班人的劳动精神面貌、劳动价值取向及劳动技能水平。该意见要求，要以习近平新时代中国特色社会主义思想为指导，全面贯彻党的教育方针，把劳育纳入人才培养全过程。

体育源于劳动，跑、跳、投、爬、攀登、游泳等动作既是劳动动作又是体育动作。虽然体育和劳动都能强身健体，但是二者存在区别。体育动作由全身不同系统和肌肉共同协作完成，体育对动作完成的质量和效率及成绩有一定要求，从而形成身心全面发展的长效机制；而劳育动作相对单一，劳育对动作的完成没有严格要求，主要关注最终的劳动果实，因此在身体发展上具有一定的片面性。2020年7月，教育部印发了《大中小学劳动教育指导纲要（试行）》。该纲要规定，劳育的内容主要包括日常生活劳育、生产劳育和服务性劳育三个方面。虽然体育和劳育各不相同，但二者密不可分。体育能促进劳育的发展，培养学生的劳动价值观和劳动精神。体育以其独特魅力，作为促进学生强健体魄的物质基础，展现了以体育劳的特殊育人使命，成为培养新时代新人的有力支撑。

新时代学校"五育一体"体育课程思政的育劳是原动力，是育人的压舱石。体育的育劳让学生了解生活的本质特征，带给学生真实与感悟，同时赋予他们作为新时代青年的责任和义务。在体育课程思政中，育劳强调体育与劳动的相互促进，引导学生树立劳动意识、培养劳动观念、提高劳动行动力、形成劳动精神。

四、"五育一体"体育课程思政的实证研究

我在开展"五育一体"体育课程思政实践研究的过程中，坚定一个中心，突出两个重点，瞄准三个变化；传承与拓荒性地研究并践行以体育课堂教学为载体，将民族自信、文化自信的内核融入教学过程，体现体育教学育德、育智、育体、育美、育劳五育联结，全方位育人的课程思政特点；诠释习近平总书记在建党100周年大会上对中国青年提出的"增强做中国人的志气、骨气、底气"[①]的精神实质，在后疫情时代，给全国体育教学提供课程思政融入方法的示范，开创全新的体育教学新纪元。

（一）表演类"五育一体"体育课程思政的理念推行

在研究过程中，我优化整合自身的专业优势，将学校体育表演类课程作为着力点，以习近平总书记提出的学校体育"享受乐趣、增强体质、健全人格、锤炼意志"的教育目标为起点，围绕"健康第一"的主旨，立足体育学科的特点，注重视觉讯息和肢体感知，充分利用现代信息技术，大胆尝试，积极构建并形成全过程思政教育的学校表演类"五育一体"体育课程思政的课程架构。近三年六个学期我的街舞课完成了教学研究向教学实践转化的全过程。多学期表演类课程的实践，有力地佐证了"五育一体"体育课程思政理论，是学校课程思政的深耕细作，是学校体育深化落实习近平总书记强调的中国学校应坚持社会主义办学方向的具体体现。

表演类体育课程是体育与表演艺术相结合，以人体姿态、表情、造型和动作过程为主要表现手段，以体育内容为表演素材，融体育、音乐、舞蹈及艺术表演

---

① 林红.【每日一习话】增强做中国人的志气、骨气、底气[EB/OL].（2021-08-06）[2024-08-20]. http://news.cnr.cn/dj/20210805/t20210805_525554187.shtml.

为一体，促进人体健康、体现体育情感、展示体育精神及反映体育生活的体育课程。在实证研究的过程中，基于"五育一体"的新时代学校表演类体育课程思政理念，秉承培养"体魄健康、形象自信、人格健全、意志坚定"的时代新人的教育目的，实践性革新表演类体育课程理念。

"五育一体"体育课程思政的课程、创新的教学实践研究冲破传统体育教学的时空限制，增添师生沟通渠道，加强课外延续教学过程管控，实现课内外教学一体化，深化体育课程育德、育智、育体、育美、育劳课程思政教学效果，显著提高教学效率，切实履行"三全育人"的教育方针，成效卓著地实现学校体育课程思政教育。

（二）表演类"五育一体"体育课程思政的育人效果

1. 育德：立德树人、以体育人的本原

"五育一体"的新时代学校体育课程思政，要求教师从培养学生为国家、为人民服务的意识和责任感，以及提升他们的审美能力与体育素养水平角度出发，在教育过程中不仅仅要塑造学生强健的体魄，更要培养他们的社会责任感、审美鉴赏力和全面的体育素养。以"知识输出与品行引导并重"为教学指导思想，创造性地提出"培养品质、鼓励兴趣、掌握技能和养成习惯"四个教学要点，开创"师生课堂角色交互，学生参与课程评价，学校、家庭、社会实践有机整合"等教学途径和方法，坚持引导学生树立"形态特点优势化"（即身体形态中存在的缺点是本人的特点，而特点就是优势）的美学思想。它倡导新时代学生树立自我肯定的价值取向，凸显"价值塑造、能力培养、知识传授"并重，践行将"民族自信的情怀与体育技能的掌握嵌套融合"，增强课程育人的针对性和实效性，契合学校体育立德树人、以体育人的本原。

2. 育智:"健全人格与实现自我并重"的目标

在教学实践的过程中,应使理论与实践相结合,积极构建"合作精神与练习效果并重、不惧挑战与审美体验相容"的表演类课程特点;改革性地开创"强制与自愿相结合"的教学策略,展现自信风采,学生自主策划并演绎创意表演内容,以小组展演的方式呈现不同阶段的学习效果;提升课程挑战度,达到学生"自觉勤练""自主研学"的教学目的,实现体育课程中的"教会、勤练、常赛"。

实践证明,有效采用靶向性的教学策略,使学生由"被强制"到"肯自愿"的过程,历经知识上自我掌握、精神上自我博弈、形象上自我完善、心理上自我认同。在可见的学习效果中,掌握知识的同时,体会通过驾驭身体完成思想表达的成就感,形成深层次的审美需求、积极健康的心理品质、不惧挑战的社会适应能力和规则意识,体现学校体育以体育智、以体育心、健全人格的思政属性和人文价值。同时,为学校体育课程体系的创新扩展思路。

3. 育体:"以身体表达思想"的育人特点

表演类体育课程注重对学生身体的教育,侧重通过肢体表现完成思想表达。"五育一体"体育课程思政实证研究首度提出以身体姿态的调整来掩盖身体形态上的缺点和不足的理念,并论证了通过肢体语言训练和身体形态训练实现提高肢体表现能力的方法,形成具有"完善形象、突出个性、即用既有"时代特点的表演类体育课程思政理论体系和训练内容。实践应用过程指导学生在健身、健美类比赛中取得优异成绩。在学校各类体育活动中,"以身体表达思想"的育人特点帮助和带动学生对健康美的追求,起到了良好的示范、引领和榜样的作用。同时,在新时代学校"五育一体"的大环境下,体育课程思政赋予育体新内涵,为新时代学校体育教学内容的变革指出新的方向。

4. 育美:"向美而行、身心皆美"的育美价值

在"五育一体"课程思政研究与实践的过程中,新时代学校表演类体育课程的育美是"五育一体"中的亮点。发挥表演类体育课程美育成效是学生实现全面发展与多样化成长的有力保障,同时引导学生了解、欣赏并创造人体美、运动美、生命美,提高审美能力,发现和探究体育美学规律,激发审美情感等,帮助新时代的中国青年在"各美其美,美人之美,美美与共,天下大同"[①]的美好环境下,丰富思想、塑造品格、汲取力量,矢志追求更有高度、更有境界、更有品位的人生。

表演类体育课程还包括情感的共情与流动,其中的合作展示环节表现出人与人之间、人与自身之间情感互通、情绪互动的情动美。这种美的关键在于显示生命的流动性之美,在获得情感动力后的生命力量美往往会显示出意想不到的强度和震撼力。因此,新时代学校表演类体育课程"五育一体"课程思政中的育美以美化人,不仅可以使学生在新时代拥有强大的自尊、自信,做到自重、自爱、自强不息,还可以使学生爱上体育之美,在体育审美关系和体育审美活动中形成自身的体育美,收获形象自信和深层次的幸福感。同时,我们秉承"向美而行、身心皆美"的理念,致力于培育具有深厚文化自信的新时代青年,使他们既能敏锐捕捉并欣赏全球化大舞台上的多元之美,又能深刻传承、品味并享受蕴含中国体育独特韵味与文化底蕴的美,实现身心的和谐共美与全面发展。

5. 育劳:以劳育人的悦劳、乐劳

在表演类体育课程的体育教学和课外训练中,劳动随处可见。常见的劳动有搬运器材、布置器材、回收器材等,这些劳动是体育课堂教学顺利进行的根本保障。器材的布置和搬运既是力气活也是技能活。例如,进行体能练习时,垫子

---

① 郭希. 我国体育类表演专业人才培养目标定位[J]. 体育科学研究, 2009, 13(4): 84-86.

的摆放、小栏架的搬运、垫子距离的调整、栏间距的丈量等既要保证整齐美观，也需要专业知识指导以确保劳动正确、安全。力气活与技能活有机结合，能使学生的劳动成果美观、正确、安全、有效，也能使其得到身心愉悦的体验，从而悦劳、乐劳。"五育一体"课程思政中的以劳育人是实施劳教、树立学生正确劳动观的有效实践途径。

五、"五育一体"体育课程思政的实践成果

"五育一体"体育课程思政的实践成果对标时政，落实顶层设计，遵循使命要求，将肩负历史使命、坚定理想信念的内核融入教学的全过程，有效地彰显新时代学生的形象自信、文化自信、民族自信，展现新时代体育课程思政的创新性发展，在培养学生强健体魄、完善形象、合作担当、创新发展、突破自我和社会适应能力及提升教师专业素质方面卓有成效。它为多学科交叉在体育教学中的应用提供新的研究视角，多渠道拓增新时代体育课程思政的实效，引发学界对新时代学校体育课程思政土壤改良的深度思考。

（一）突显多元化，拓宽研究维度

学校表演类体育课程强调培养学生的肢体表现和形象认知，反映人体美、运动形式美，揭示体育领域中的美学规律和特点，体现学校体育的美育价值。实践成果佐证，新时代学校"五育一体"体育课程思政实现了体育教学以体育人、以美化人的目标，突显了学校体育课程思政的多元化，拓宽了学校体育学科课程思政建设的研究维度。

（二）创新研发与应用，扩展应用范围

研究证明，实践成果展现的结合网络资源"关注人的发展"的授课方式、教学形式、教学策略、评价体系，以及"建构式合作""树立课程榜样"等实践细节，具有相对独立、相互依托的特性，展现"五育一体"体育课程思政模式"时

空不设限"的创新性。同时，成果多维度的课程思政开发理念、多向度实施方案和多元化实践应用，扩展学术边界和应用范围，对相邻学科具有示范效应。

（三）丰富教学发展观，塑造"四有"好老师

新时代学校"五育一体"体育课程思政的研究与实践，以"思政教育与技能学习协同发展"的研究思路，推动体育教师在体育教学中形成自身独特而鲜明的教学特色，言传身教，全心投入钻研；促使教师爱教学、爱讲台、爱学生，以充满爱的心态，带领学生在有爱的氛围中成长，培养其爱党、爱国、爱家的意识和能力；塑造"四有"好老师，做好学生的"四个引路人"，形成有效落实体育课程思政的教学发展观。"五育一体"体育课程思政的实践成果在实践中完善体育教师的教育梦想，为中华民族伟大复兴作出贡献，为实现第二个百年奋斗目标添砖加瓦。

（四）拓维学生能力结构，践行社会主义核心价值观

"五育一体"体育课程思政的实践应用，使不具备参加竞技体育比赛能力的学生能够真正体会学校体育的乐趣，切实解决学校体育教学"教会、勤练、常赛（以演代赛）"的问题；有利于学生掌握一至两项运动技能，加速学校体育培养学生一生一技的良性发展，拓维学生服务社会的能力结构；帮助学生在瞬时的紧张、持久的努力及实在的收获中成长，使学生潜移默化地形成践行社会主义核心价值观的自觉意识。在体育教学中，既体现体育学科的科学性，又展现体育实践的学术性，这本身就是对学生进行课程思政教育的体现。

六、结论与建议

（一）结论

新时代学校"五育一体"体育课程思政的理论与实践研究，明确学校体育课

程思政的理论方向，体现学校体育教学能够培养人格健全、肩负使命、追求卓越的学生的体育课程思政教学效果，将育德、育智、育体、育美、育劳记于心、践于行；同时，课程思政深度融入学校体育教学中，不仅激发了体育教师深入研究教学的热情，还显著提升了教师投身教育事业的积极性与动力。本书细致探讨了如何在体育教学中有效体现"五育一体"的思政理念，并取得了显著的实践成效。研究的核心在于，我们在深刻理解课程思政精髓及其广泛影响的基础上，既坚守了体育教学的深厚传统，又勇于探索并践行了新时代的创新精神。这一模式不仅丰富了体育教学的内涵，还为同行提供了宝贵的经验，明确了深入探究的价值。

（二）建议

（1）建议深入学习并厘清国家对课程思政的具体要求和初衷，把握时政脉搏，充分理解以习近平新时代中国特色社会主义思想为指导全面贯彻国家对学校体育发展的全面部署和顶层设计，落实立德树人根本任务，传承与开创性地开展新时代体育课程思政教育。

（2）突破认知传统，更新教学观念，为学校体育课程思政开辟新思路。新时代体育课程的内容、教学方式等都受到新的冲击和浸染。新时代体育课程思政教学实践需要充分利用现代科学技术，打破传统体育教学的边界，拓展师生课内外体育课程思政的辐射度，迎合时代特点，强化课外延伸教学的实效。

（3）借鉴学校表演类体育课程"五育一体"课程思政的实践成果，有针对性地引入学校实践。创建德育、智育、体育、美育、劳育深度融合、融会贯通的体育课程，丰富学校体育交叉融合课程的理论和实践，是学校体育教学的革故鼎新。

啦啦操课堂我和学生的合影及街舞课堂我和学生的合影分别如图31-2和图31-3所示。

图 31-2　啦啦操课堂我和学生的合影

图 31-3　街舞课堂我和学生的合影

32　"五育一体"体育课程思政的基础体育课实践

清华大学大一体育课是面向全体新生的基础必修课程，其核心在于增强学生的体能素质，并结合小型专项技能的提升进行辅助教学。作为新生步入大学后的首门身心培育课程，它在整个体育教育体系中占据关键地位。这门课程不仅为学生奠定了以健康心态、积极态度及良好体能参与后续大学体育课程的基础，还是他们享受充实大学生活的重要起点。具体而言，大一体育课在秋季学期为男生设置了武术专项，女生则学习啦啦操，而在春季学期，男生和女生都将聚焦于球类运动的专项训练。

大一体育课的教学痛点一：学生缺乏对体育的认识。大一新生刚从中学进入大学，对大学体育课是陌生的，甚至是迷茫的。他们缺乏对体育重要性的基本认知，对清华体育传统了解粗浅。因此，大多数大一新生对体育的认识停留在表面，不能充分了解体育的迁移价值，没有完全认识到体育在大学阶段及其今后成长中的价值和意义。

大一体育课的教学痛点二：学生自驱力欠缺。清华良好的体育氛围与部分省市高三时期重文化课、轻体育课完全不同，大一新生在中学时期对体育课甚至是体育本身的不够重视，导致多数学生尤其是女生缺少体育理论和实践，在体育课堂上参与运动时容易表现为不积极、不感兴趣、不爱动，主动性相对较差，甚至有学生对体育是排斥或恐惧的，离爱上体育、自觉锻炼、养成习惯相距甚远。

大一体育课的教学痛点三：学生自信心不足。绝大多数大一新生没有进行体能训练和专项运动的基础。学期开始时，我们会对学生进行体质测试，以全面了解他们的身体能力。多数学生会因自己体能基础薄弱而在体育方面缺乏自信，缺乏勇于挑战自我、突破自我、坚持拼搏的体育精神。

通过对大一新生特点的了解，我们得知，进入大学后，他们有渴望提高自身体能的需求，但由于对体育的认识不足，以及体能训练的理论知识和实践体验的匮乏，在锻炼的理念上会有一些局限甚至是误区。例如，很难形成锻炼习惯，主动进行体育运动的内驱力欠缺，其中女生较为排斥力量训练，惧怕耐力训练等。因此，大一体育课的重中之重是建立学生对体育重要性的认识，让学生对体育课产生兴趣，对体育运动产生冲动，进而掌握科学的锻炼方法，能在教师的引导下积极参与运动，并最终能为自己设计科学的锻炼计划。大一体育课就是要通过体育课程思政的理念和践行来完善学生对体育的理解,增强他们的整体运动实力,帮助他们建立自信,并将战胜自我、勇于拼搏、坚持到底、不轻言放弃等体育精神注入其生命,使其成为"有健全人格,有健康体魄"的清华人,至少为祖国健康工作五十年。

体育课程思政的创新实践从问题开始,创新本身就是发现问题、研究问题、解决问题、突破问题的过程。体育课程思政建设的思维向度正由"大水漫灌"向"精准滴灌"转变,化解教学痛点,实现体育课程思政的育德目标。

以下以大一体育课秋季学期为例,展现体育课程思政育德目标的实践路径,如表32-1所示。在大一体育课秋季学期,女生的考核项目包括专项啦啦操、长跑1500米、立定跳远和跳绳;男生的考核项目包括专项武术、长跑3000米、立定跳远和跳绳。

表32-1 体育课程思政育德目标的实践路径

周次	育德目标的实践路径	所实现的课程思政育德目标
1	了解清华人的体育故事,以及大一体育课的内容和要求,体会"无体育,不清华"的清华体育传统与体育精神	清华的体育教育观是清华大学爱国传统的体现。使学生重新认识体育及其价值,培养学生热爱祖国、心存祖国、心系祖国、拼搏进取、立志为祖国工作的精神
2	学习体能训练基础理论	使学生正确认识自己的身体和体能,建立科学训练的态度,勇敢面对挑战,不盲从,不回避
3	进行体能训练基础练习	逐步培养学生的兴趣,使其建立自信心,以及培养其吃苦耐劳的精神
4	进行体能训练基础练习进阶	使学生有勇气、能坚持、能拼搏、有进取心和决心
5	了解和练习专项啦啦操	通过体育专项的技术性、竞技性、娱乐性引导,使学生产生兴趣,形成积极乐观、健康向上的优秀道德品质
6	分小组配合练习专项啦啦操	培养学生团结合作、顾全大局、有责任、有担当的集体主义精神,使其在合作中有社会公德与文明美德
7	练习长跑	培养学生坚强的意志和顽强的毅力,勤学苦练、坚持到底,不轻易放弃,并逐渐建立信心

续表

周次	育德目标的实践路径	所实现的课程思政育德目标
8	进行跳绳、立定跳远技术学习	使学生懂得方法的重要性，用巧劲勤学、勤思、勤实践，把握规律，善于创新
9	根据个人能力特点进行自由练习	使学生养成自觉、自律的习惯，形成自由与规则意识，建立和提高自驱力
10	采用"以赛代练"的训练方法	培养学生的公平意识、规则意识、牺牲精神，能热烈地赢，也可以有尊严地输，同时"以赛代练"提高内驱力
11	考核长跑	培养学生敢打敢拼、不畏失败、敢于挑战、勇于突破自我、敢于胜利的精神，有顽强的意志、积极向上的态度
12	运用体育课的游戏化思维	激发学生体育锻炼的兴趣，懂得体育既有规则和竞争也有娱乐，使学生能够"自觉勤练""自主增负"
13	专门留出时间让学生分组交流及自由表达思想	体育开放性课堂的自由交流与思想碰撞，有效促成跨领域、跨专业的团队建设、开放性合作，打破制约，增进了解，相互促进，充分拓维学生的思维边界
14	运用翻转课堂	充分调动学生课内外锻炼、学习的积极性、主动性和互动性，提高学习效率，促进学生创造力的发展
15	进行课题研究式学习	不但使学生了解体育、感受体育的魅力，而且引导学生研究体育，指引他们获取体育知识、应用知识，从而解决问题，提高创新能力，增强社会适应性及树立现代学习观
16	以团队形式进行专项啦啦操的编排与考核	以体育人，以美育人，提升学生的形象自信，增强他们的创新创造能力，多侧面建构和增强学生的自信，"增强做中国人的志气、骨气、底气"

体育课程思政的育人实践，全面增强学生的体育实践体验，提升与巩固学生的体能水平和专项基础，打破学生固有的运动局限和误区，使其对体育有了全新的认识，能促使其自主地投入锻炼，产生强大的内驱力，形成终身体育的意识。

体育课程思政的思考与创新性实践，以立德树人的思想为指导，以育人为目标，明确高校体育课程思政内涵。以大一体育课为例，阐述体育课程思政育德目标的实践路径，解决教学中的痛点，体现高校体育教学能够培养人格健全、肩负使命、追求卓越且全面发展的大学生。同时，体育课程思政创新实践的人本化、多样化和层次化，体现了多元化创新理念在体育教学中的融入。这种做法有效解决了新生入学后关于体育及体育课程的各种问题，还培养了学生的爱国主义、集体主义、社会主义精神，以及奋发向上、顽强拼搏的意志品质，激励学生自尊、自爱、自信、自立、自律及自强不息，也能够促使更多体育教师研究教学，增强教师投入教学的动力。在充分理解课程思政的内涵与延伸的基础上，体育教学既继承了深厚的传统，又践行了新时代的开拓精神，深度研讨体育课程思政的理论思考与实践探索，取得了显著成效。

33 "四位一体"创新性体育教学模式

清华体育已是清华的一种精神，清华体育精神是全体师生在不断变迁的社会历史进程中，积累、沉淀、碰撞、总结、融合而形成的精神果实，是清华独有的校魂。同时，清华体育在新时代不断传承与创新，更加认同和坚信习近平总书记在清华考察时提出的"中国教育是能够培养出大师来的"的表述。

一、新时代高校体育教学面临的新挑战

正如习近平总书记所指出的，要用好课堂教学这个主渠道，思想政治理论课要坚持在改进中加强，提升思想政治教育的亲和力和针对性，满足学生成长发展的需求和期待，其他各门课都要守好一段渠、种好责任田，使各类课程与思想政

治理论课同向同行，形成协同效应①。面对新时代高校体育教学的新要求，如何紧扣立德树人这一核心使命，深入贯彻"三全育人"的教育理念，并将课程思政有效融入体育课堂教学中，已成为亟待解决的重要课题与挑战。

二、清华体育精神引领下"四位一体"创新性体育教学模式的创建与实践

"新时代、新挑战、新考验"，清华体育教学在清华体育精神的引领下，全面实施课程思政。课程思政是一种教育理念，指所有体育教学都能够真正转变为育人的窗口、课程思政的平台。新时代清华体育教学从目标设立到具体实施，完全将清华体育精神的内核融入教学过程中，真正落实与实施高校体育课程思政。

（一）传承清华体育精神，彰显课程思政，拓维体育教学目标

新时代，体现立德树人、课程思政的清华大学体育教学目标包括以下五个维度。

（1）提高学生运动技能水平：能熟练掌握一项及以上体育运动专项技术，基本掌握体能训练的原理与方法，了解常见运动创伤的处置手段，课后能坚持体育锻炼。

（2）培养学生运动参与能力：能够编制适合本人特点的个人锻炼方案，能积极参与和坚持体育活动，并基本形成自我身体管理和自觉参与体育锻炼的习惯，具有一定的体育赛事鉴赏能力。

（3）提升学生体质健康水平：了解自身体质健康状况，通过所学的体育科学理论知识和体育专项的技术与技能，熟练掌握有效提高自身身体素质和全面提高体质健康水平的技巧与方法，养成良好的体育锻炼习惯，形成积极健康的生活态度和生活方式，从而获得并保持健康的体魄。

（4）提高学生心理健康水平：通过学习能力、体能水平和健康水平提高的过程，逐步建立自信，改善心理状态，能在运动中感受快乐、体验成功，从而形成积极乐观的心理品质和生活态度。

---

① 黄超，吴月．各地各高校拓展新时代大学生思政教育的有效途径 种好责任田 上好思政课[EB/OL]．（2021-12-20）[2024-08-20]．http://wap.moe.gov.cn/jyb_xwfb/s5147/202112/t20211220_588493.html．

（5）增强学生道德修养，加强社会适应能力：能够正确面对失败与挑战，有效处理竞争与合作，具有良好的体育习惯和团队互助合作的体育精神。

在立德树人思想的引领下，清华体育教学的目标更加突出"培养人"的育人理念，强调了育体、育心、育人，明确了"价值塑造、能力培养、知识传授"的任务，围绕"健康第一"的主旨，清华体育教学目标指向培养"有健全人格，有健康体魄"的人。这种教育是一种全人的教育，它包括活跃人的思想，训练人敏捷的思维，培养人完善的情感与道德，关注生命、尊重生命及提升生命质量，使清华学子能更好地为国家作贡献，争取至少为祖国健康工作五十年。

（二）"四位一体"创新性体育教学模式的创建

1. 落实顶层设计，为新时代体育教学赋予新使命

2020 年，中共中央办公厅、国务院办公厅印发《关于全面加强和改进新时代学校体育工作的意见》，标志着我国学校体育工作进入了一个全新的发展阶段，为高校体育教学指明了方向，提出了新的要求和挑战。该文件不仅明确了短期与长期的发展目标，还深刻阐述了体育教育教学活动的核心价值与改革方向，强调了"教会、勤练、常赛"三个关键方面，为构建高质量的学校体育体系奠定了坚实基础。在新时代背景下，高校体育教学面临着前所未有的机遇与挑战。一方面，随着社会对人才综合素质要求的不断提高，体育作为促进学生身心健康、培养团队协作能力、激发创新精神等的重要途径，其地位和作用日益凸显。另一方面，随着科技的飞速发展和生活方式的改变，学生面临的健康问题和挑战日益复杂多样，这对高校体育教学提出了更高的要求。因此，开拓创新成为高校体育教学未来发展的必然选择。这要求高校体育教育工作者必须紧跟时代步伐，勇于探索新的教学理念、方法和手段，不断提升教学质量和效果。具体而言，可以从以下几个方面入手：围绕"教会、勤练、常赛"三个核心环节深化体育教学改革，优化课程设置，丰富教学内容，创新教学方法，注重理论与实践相结合，确保学生真

正掌握体育技能和健康知识；加强体育教师的专业培训和继续教育，强化师资队伍建设，提升他们的专业素养和教学能力，打造一支高素质、专业化的体育教师队伍；加大投入力度完善体育设施与条件，改善体育场馆、器材等硬件设施条件，为体育教学和课外体育活动提供有力保障；推动体育与思政深度融合，将思政教育贯穿体育教学全过程，通过体育活动培养学生的爱国情怀、集体主义精神和坚韧不拔的意志品质；鼓励和支持体育教师开展体育教学研究，加强体育科研与创新，探索符合时代要求的体育教学新模式、新方法，推动体育教学不断创新发展。

新时代赋予高校体育教学新的使命和要求。只有坚持开拓创新、与时俱进，才能不断推动高校体育教学向更高水平发展，为培养德智体美劳全面发展的社会主义建设者和接班人贡献力量。

2. 遵循使命要求，构建"四位一体"创新性体育教学模式

以清华大学大一基础体育教学为例，大一新生阶段是推行体育教学目标的最佳时期。迎接新时代的考验，采用"四位一体"的教学方式，通过"四有"教学实践，构建"四位一体"创新性体育教学模式，尝试新的呈现。"四位一体"创新性体育教学模式是新时代"教会、乐学、勤练、常赛"的高校体育课程新的教学模式。"四位一体"教学方式是将"学术基理指导实践教学、教学研究与教学实践融浃、教学团队的构建、课内外与线上线下一体化的教学组织形式"四个保障教学质量的维度融会贯通，提出的"原理与实操联结""教学与科研联璧""教师与助教联合""云端与课堂联动"的教学方式。2014年第30个教师节前夕，习近平总书记考察北京师范大学时号召广大教师要做"有理想信念、有道德情操、有扎实学识、有仁爱之心"的"四有"好老师。"四有"好老师的提出为教师的教学实践提供了方法论的指引，教学团队在不断研究和探索体育教学的过程中，依照"四有"好老师的理念和要求，创造性地提出"四有"教学实践，即在教学过程中用"有爱地教，有趣地学，有法地练，有效地赛"来诠释体育教学中的科学与艺术。

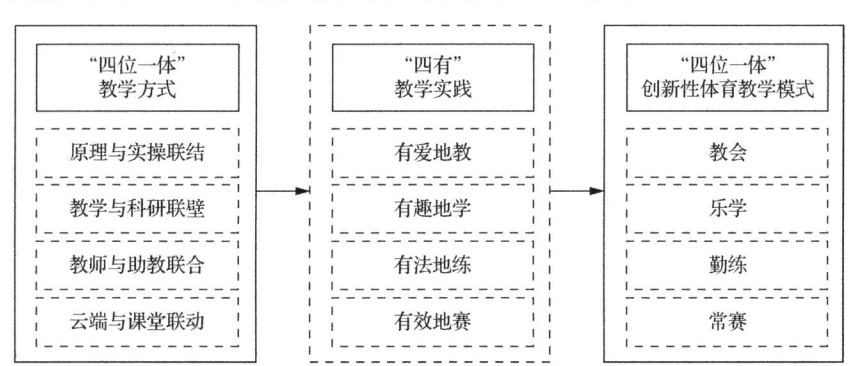

构建"四位一体"创新性体育教学模式如图33-1所示。

"四位一体"教学方式	"四有"教学实践	"四位一体"创新性体育教学模式
原理与实操联结	有爱地教	教会
教学与科研联璧	有趣地学	乐学
教师与助教联合	有法地练	勤练
云端与课堂联动	有效地赛	常赛

图33-1 构建"四位一体"创新性体育教学模式

（三）"四位一体"创新性体育教学模式的实践

1. "四位一体"创新性体育教学模式中的"教会"

"教会"即教会和引导学生自主学习，特点是五大要素（教学目标、学习者、教学内容与资源、教学策略和教学评价）有效融合。在实践教学过程中，基于教学团队"原理与实操联结"的实战经验、"教学与科研联璧"的教学准备，做好"教师与助教联合"的教学保障，运用网络学堂、慕课、微课堂等线上教学形式与线下体育教学实践交互探索的"云端与课堂联动"的教学形式，形成符合高校体育学科特点，具有高阶性、创新性和挑战度的"四位一体"教学方式。中国教育高速发展的客观现实要求体育教师必须心无旁骛，拥有脚踏实地的工匠精神，用爱心和耐心投入本职工作，形成"会教、爱教"的职业素质。

清华大学大一基础体育教学采用"四位一体"教学方式，进行"四有"教学实践，形成"四位一体"创新性体育教学模式。法国思想家伏尔泰（Voltaire）说，生命的意义在于运动。这句话从社会学的意义上来讲，指人生对社会的贡献；从生物学的意义上来讲，则强调人的健康；从哲学的意义上来讲，指运动是一切事物发展的基础，生命的意义应该在运动中体现[①]。多数学生会有体育运动与竞技体育概念混淆的固定思维，认为体育应属于有基础、有天赋的少数人。"四有"好老师强调教师要有仁爱之心。体育教师对学生的仁爱就是要教会学生体会生命的意义在于运动，引导学生科学地动起来，体会体育带来的快乐，享受体育的过程，养成体育锻炼的习惯。清华大一基础体育教学实践证明，指引学生科学地参加体育运动，最为重要的是教师"有爱地教"，引领学生有效地坚持。

以清华大学 2020 年春季学期大一女生 30 人的线上体育课程为例。线上课程每节为 90 分钟，其中包含 30 分钟左右的适合居家练习的体能训练。尽管疫情期间的课程受时间、空间甚至情绪等因素的影响，但教学团队用仁爱之心科学教学，在有限的条件下取得了卓著的成效。对比这个班学生学期初和学期末的灵敏素质与力量素质测试的成绩，发现前后有显著差异。敲击实验是通过左、右手交替敲击动作实验，评价灵敏素质的测试方法。实验分两个难度：第一，双手交替敲击，以"〇×ב〇××〇××〇"为一个组合；第二，双手交替敲击+双手同时敲击，以"××〇×--〇××〇×"为一个组合。其中，"〇"代表左手敲击，"×"代表右手敲击，"--"代表双手同时敲击。分别连续记录十个组合的失误次数和持续时间，然后对测试结果进行标准化处理（表 33-1）。力量素质主要通过俯卧撑来评测（表 33-2）。

表 33-1　2020 年春季学期大一女生学期初和学期末敲击实验成绩对比（n=30）

测试项目	敲击实验
学期初成绩	76.70±7.54
学期末成绩	87.30±5.67
T 值	−6.15
P 值	<0.01

[①] 孟丹妮，郭梦莹，肖俊杰，等. 生命在于运动：运动对心脏和代谢的改善作用[J]. 自然杂志，2020，42（1）：66-74.

表33-2 2020年春季学期大一女生学期初和学期末俯卧撑成绩对比（$n=30$）

测试项目	俯卧撑
学期初成绩	2.46±1.69
学期末成绩	18.83±3.85
T值	−21.32
P值	<0.01

对比敲击实验和俯卧撑两次测试的成绩，结合经过配对样本T检验的最终结果和每对的双尾概率P值，可以得出结论：经过这一阶段的训练，大一女生的灵敏素质和力量素质在学期初和学期末均有显著性差异，即训练效果明显。实践证明，体育教师只有以仁爱之心、高度负责的态度去教学，即在"四位一体"创新性体育教学模式中"有爱地教"，才能让学生坚持科学地动起来。

2. "四位一体"创新性体育教学模式中的"乐学"

"乐学"即激发学生的学习乐趣，形成积极主动的学习习惯。教师从教学方案分析、学习方法整合、团队合作互助、自主学习引导和学习效果交互反馈等多方面着手，利用网络整合线上线下资源，拓展学习时空，激发学生的内驱力和原动力，引导学生快乐学习，有效形成健康生活、终身锻炼的理念和习惯，达到良好的学习效果，实现教学目标。

教师在教学中运用"四位一体"教学方式，达到"乐学"的效果，应做到以下几点。

（1）在体育教学中采用传统与现代结合、发现与探究结合、讨论与演示结合等创新性教学方法，实现"原理与实操联结"，培养学生的批判性思维，发现问题、解决问题的能力，以及追求卓越、勇于探索、务实严谨的态度。

（2）将最先进的体育科研成果引入高校体育课堂，实现"教学与科研联璧"，结合学生的特点，融入教师的见解，引发学生批判性的思考。用对比实验研究和经典的实验测试方法检验教学效果，不仅能证实科学训练的正确指导性，还能进一步调动学生思维，激发其学习冲动，激励学生坚持科学训练。

（3）将看似复杂的体育运动技术原理和技术动作科学地融入游戏中。以游戏的方式设计训练内容，充分发挥学生的想象力、创造力和积极思维的能力，促使学生有意识地享受体育的乐趣。

（4）将音乐融入体能训练，使体育与美育交融，提高学生的学习兴趣，提升课堂品位，实现高校体育教学"以体育人、以美化人"的育人目标。清华实践证明，采用"四位一体"教学方式，开展"有趣地学"教学实践，能够有效提高学生的学习效率，保证学习质量，是具有时代特点的教学模式。

3. "四位一体"创新性体育教学模式中的"勤练"

"勤练"即以"教师与助教联合""云端与课堂联动"的形式，打造勤练不设限的平台，主要包括两个部分，即课上练与课下练，课下练又分为线下练和线上练。课上练：教师讲清楚练什么、为什么练、怎么练。课下练的线下练：清华大学大一基础体育教学有以下八种类型，即"教师课外辅导""学生一对一或一对多约课辅导""助教指导课外锻炼""学生自选专项训练""马约翰杯教练团组织训练""普通学生 C 类代表队训练""社团训练""阳光长跑"。课下练的线上练：教师根据学生的上课进度与自身特点，提供线上网络课程资源，弥补课上练习的不足。此外，教师构建电子化的学生体质健康信息管理系统，为每位参与体育课的学生建立电子健康档案，为学生开展体质健康管理提供平台，同时电子化、结构化、标准化的体质健康管理数据，可以用来开展学生体质健康管理的相关研究，为学生提供基于大数据的精准运动处方，体现"四有"教学实践中"有法地练"，具有可控性和可持续性。

在体育教学中运用"成功是成功之母"的理念，设计不断成功的体验，培养学生的内驱力和自信心，验证"有法地练"的科学性和有效性。为此，在清华大学大一基础体育课进行实验性尝试。以清华大学 2020 年秋季学期大一女生为例，在能够提高意志品质和耐力素质的 1500 米跑的课堂练习中，教师让学生根据自己学期初的测试水平，以逐步递增跑距的方式，为自己树立阶段性练习目标，教师给予评估反馈，引导学生体会不断成功突破自我的喜悦。学期末的 1500 米测试，全班 30 人整体水平有了显著的提高（表 33-3）。这种"有法地练"给学生带来不断成功的体验，更能促进学生养成课内外、线上线下主动"增负"、自觉"勤练"的习惯。

表 33-3　2020 年秋季学期大一女生学期初和学期末 1500 米成绩对比（n=30）

测试项目	1500 米
学期初成绩	7.56±0.78
学期末成绩	7.03±0.46
T 值	3.21
P 值	<0.01

4. "四位一体"创新性体育教学模式中的"常赛"

"常赛"即形成突破时空边界、赛事常新常有的局面。这里的赛事包括校级、院系级、班级的常规赛。清华大学校级常规赛有贯穿全年的"马约翰杯"课外竞赛体系、校园马拉松、万米接力、迷你马拉松等。各院系每年都有自行组织的常规赛事。班级常规赛可分为线下赛和线上赛，线下赛即教师安排的课堂赛事，线上赛即教师根据教学需要开展的线上云赛事，可以采用打卡、利用软件等形式进行比赛，不受场地与时间限制。清华实践证明，"常赛"是检验"教会、乐学、勤练"最有效的手段。只有教师"有爱地教"，才能使学生有机会因"有趣地学"而"乐学"；只有"有法地练"，"勤练"才有意义。清华大学体育教学中的"四有"相互依存，不可分割。

基于网络交互探索和实践的高校体育课程"四位一体"的教学新模式全面提高体育课程教学质量。通过线上线下混合式"教与学"帮助学生建立健康教育观，通过线上线下混合式"练与赛"使学生形成终身体育观。这是新时代赋予我们的新的创造和体验，实践证明通过"四位一体"教学方式，践行"四有"教学实践，实现"四位一体"创新性体育教学模式，能有效培养体魄健康、人格健全的新时代有用之才。新时代高校"四位一体"创新性体育教学模式示意图如图 33-2 所示。

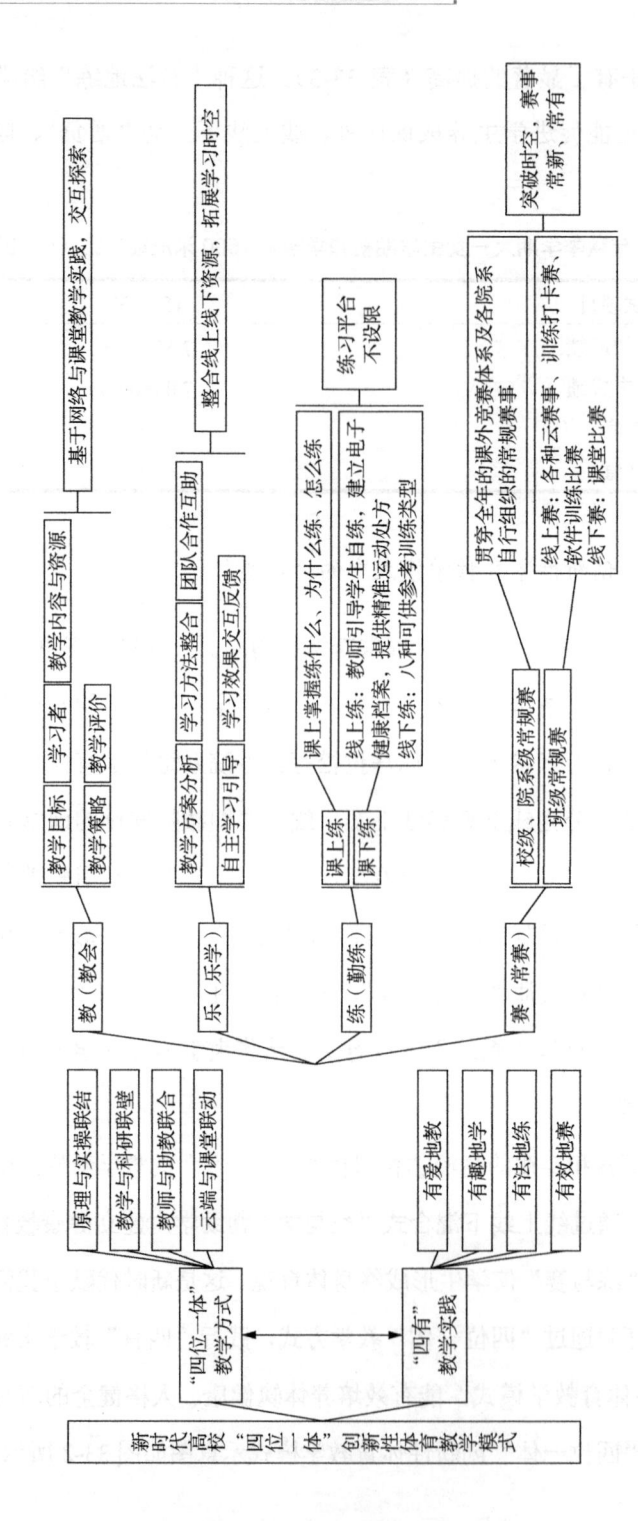

图 33-2 新时代高校"四位一体"创新性体育教学模式示意图

三、新时代高校"四位一体"创新性体育教学模式的效果

立德树人引领下新时代高校"四位一体"创新性体育教学模式的效果主要表现在以下几个方面。

（1）有效地贯彻落实了习近平总书记关于体育教育的重要论述和国家颁布的学校体育相关文件，使学生享受乐趣、增强体质、健全人格、锤炼意志，实现培养德智体美劳全面发展的社会主义建设者和接班人的学校体育教育教学的总体目标，学生综合素养明显提升。

（2）学生的不良生活习惯得到明显改善，身体素质显著提高。我们在2020—2021年的春季学期和秋季学期分别于学期初与学期末对大一学生的健康状况、运动习惯、饮食习惯及心理健康状况进行了问卷调查。结果表明，即使在疫情期间，经过一个学期的学习、训练和比赛等，学生的各项指标数据也都明显改善，多数学生养成了自主锻炼的习惯和优良的体育品质。

（3）合理利用各渠道优质丰富的体育资源，补齐学生获取知识单一化、片断化的短板。通过体育课程网络教学资源设计与开发，网络教学与答疑，以及组织课内外、线上线下分享交流，开展项目练习及友谊比赛等活动，促进学生对健康知识、专项理论、体能训练原理等的掌握，极大地丰富了课程的维度，激发了学生的热情，卓有成效地解决了体育课程课时有限的问题，以及提高学生体育运动的参与度，激发学生对体育锻炼的兴趣，促进学生知行合一，形成良好的体育素养，全面提升教学成效。

（4）解决体育课程对学生体质健康监测后续无法跟进的实际问题。对大学生体质健康水平进行持续监督、有效管控和科学指导，是高校体育要实现的目标。在大数据时代，开发与建立线上学生体质健康管理系统，不仅能采集体质健康数据，还能进行后续管理与服务。更重要的是，该系统能够纵向跟踪监测学生体质

健康数据,即使该学生升学或者就业,也能够使用该系统记录他的体质健康数据,为学生的终身体育提供数据平台支持。

(5)基于网络交互探索和实践的"四位一体"创新性体育教学模式,全面提高了体育课程教学质量,全面促进了教师坚守"四个相统一",当好"四个引路人",争做"四有"好老师。

四、结论与建议

(一)结论

2021年7月1日,在庆祝中国共产党成立100周年大会上,习近平总书记指出,新时代的中国青年要以实现中华民族伟大复兴为己任,增强做中国人的志气、骨气、底气,不负时代,不负韶华,不负党和人民的殷切期望。近年来,我国学校体育工作目标明确,新时代的高校体育教学必须擘画新蓝图、开启新征途。面对机遇与挑战,清华体育不断创新、追求卓越、勇于突破、敢于担当,真正做到"全员育人、全程育人、全方位育人",真正做到有效培养有健康体魄、有健全人格的新时代人才。本书旨在立德树人思想的引领下,通过清华大学大一基础体育课的实践,先进性地提出有效形成"原理与实操联结""教学与科研联璧""教师与助教联合""云端与课堂联动"的"四位一体"体育教学方式,通过"有爱地教""有趣地学""有法地练""有效地赛"的"四有"教学实践,构建高校体育课程"教会、乐学、勤练、常赛"的"四位一体"创新性体育教学模式。这是高校体育课程思政的良好体现,是高校一流本科课程"两性一度"的迫切要求,是培养全面健康的高校人才的必要条件。新时代高校"四位一体"创新性体育教学模式的实践,在教学中体现为育体、育心、育人,对促进我国学校体育工作快速完成从理念到实践的革故鼎新具有重要意义。

（二）建议

新时代高校"四位一体"创新性体育教学模式实践的成功，其原因在于清华体育教学有深厚的体育传统，也有新时代的开拓精神，值得其他高校探究与参考。

1. 重视学校体育，形成符合学校办学特色的体育文化

在重视学校体育的过程中，学校会逐步形成特有的体育文化，使自身更具有凝聚力和感染力，同时体育文化也能成为一所大学的精神和独有的校魂。这个过程并不能一蹴而就，需要学校全体师生在不断变迁的社会历史进程中相互碰撞、总结、融合。

2. 借鉴"四位一体"创新性体育教学模式，有针对性地引入实践

清华大学大一基础体育课践行新时代高校体育"教会、乐学、勤练、常赛""四位一体"的教学模式，采用"四位一体"体育教学方式，贯彻"四有"教学实践，取得良好的效果。高校可以吸收理念，学习范式，结合自身特点探索性和研究性地借鉴。

3. 结合国家对学校体育发展的顶层设计，创新性地为高校体育教学注入新的活力

新时代，国家大力加强学校体育工作，是高校体育教学创造性发展的契机。体育教师需要全面学习国家相关政策，充分理解学校体育发展顶层设计的初衷，不断提升自身综合能力，建立符合新时代的教育观和理念，敢于突破传统，勇于跨学科、跨学校、跨领域、跨专业地进行实践探索和研究，创设具有前瞻性的虚拟教研室，全力打造具有金课特点的高校创新性体育课程，成为高等教育变革的建设者、奋斗者和见证者。

▶ 不一样的高校体育教学：一名体育教师的探究笔记

34　高校体育教学新视野

疫情过后，线上体育课程是否延续？线上课程与线下课程是否能有机结合？高校体育教学线上线下混合式教学如何做到"全员育人、全程育人、全方位育人"？如今，如何拓宽并落实高校体育教学新视野是值得高校教师思考与研究的。

一、混合式体育教学的含义

混合式体育教学即将体育课程中的部分内容或环节通过线上方式进行，而另一部分内容则保留传统的线下教学方式，通过两种教学方式的有机结合，实现体育教学的最佳效果。在疫情来临之前，传统体育教学是教师与学生在运动场地，以教师引导为主，传授知识和教授技能的教学活动。教师是知识的传授者、动作的示范者、教学的发起者、教学活动的掌控者。在传统体育教学中，线下教学是唯一的教学方式，学生接受教师所传输的知识与技能，而多媒体投影仪等工具只是讲授体育理论课时教师使用的工具，传统体育教学课堂是高校体育教学的主要方式。2020年新冠疫情突发，体育课采取线上教学的新方式，无论是理论课还是实践课，都通过线上的方式进行，线上体育教学给疫情之后的体育课带来了新的思考，打开了体育教学的新视野。混合式体育教学是今后高校体育教学的新趋势。

20世纪90年代，国际上对"有围墙的大学是否将被没有围墙的大学所取代"这一问题产生激烈的争论，混合式学习理论进入人们的视野。2000年，美国教育部提交的《教育技术白皮书》中首次提出了混合式学习（Blending Learning）的概念①。随着近年来混合式教学思想被其他学科采用，很多学者发表了相应的研究论

---

① 田佳鹏. SPOC环境下"学校体育学"课程的设计研究[D]. 牡丹江：牡丹江师范学院，2019.

文。混合式学习是指人们对网络化学习进行持续性反思之后，涌现在教育领域尤其是教育技术领域中的一个较为流行的专业术语，其核心旨趣是将面对面的传统教学（Face-to-Face）与时空分离的在线学习（Online Learning）这两种学习样态进行有效融合，以提高学习或教学效益[①]。

二、混合式体育教学的意义、效果与设计

（一）混合式体育教学的意义

后疫情时代，是否还需要混合式体育教学？答案是肯定的。为什么需要混合？因为高校混合式体育教学是时代的需求，是教学高质量的保障及教学弹性化的要求。

时代在变，技术无处不在；世界在变，学生在变，学生的期望在变。技术已经渗入社会的各个方面，从模拟到数字、从固定到移动、从孤立到连接、从封闭到开放都需要高校体育教学做出相应的改变。体育是综合性学科，融合了运动解剖、运动生理、运动心理甚至数学、物理、化学、医学等各领域的知识，教师很难在课堂上一一讲清讲透，需要刻意安排，需要时间。学生有问题，也许不是直接先问教师，他们会去网上查找。于是，线上教学资源，如慕课、线上教材、案例、影视、图片、课件等，可以让学生即时学习，按需学习，成为线下传统体育教学不可替代的角色；线上教学平台，如雨课堂、腾讯会议、Zoom、微信群等，能促进师生和生生之间的交流，学生的参与意识得到增强，有利于学生的个性发展，是线下体育教学的绝好补充平台；线上教学工具，如计算机、手机、平板、手写板、耳机、外置摄像头、无线麦克等，是线上教学的利器，与线下教学形成有利补充，有效合作。混合式体育教学将在线课堂与传统课堂相结合，进一步确

---

① 詹泽慧，李晓华. 混合学习：定义、策略、现状与发展趋势——与美国印第安纳大学柯蒂斯·邦克教授的对话[J]. 中国电化教育，2009（12）：1-5.

保高校体育教学从理论到实践、从课内到课外教学效果的有质有效。此外，当遇上风、雨、雪等恶劣天气时，线上教学无疑是传统体育教学的有效补充，从而适时做好线上线下的调整。

体育可以有效增强体质、健全人格、锤炼意志。体育人在超越自我的过程中所呈现出来的自信自强、不畏强敌、顽强拼搏、永不言弃、团结协作、爱国奉献、苦练技艺等精神能够很好地弘扬社会正能量，这使体育在高校育人的过程中自带"气场"，具有先天的优势[①]。通过体育运动，我们可以达到身体健康、心理健康、社会适应良好和道德健康，人格健全、大脑活跃，促进社会性发展，让我们有目标、懂规则、善交流、会合作，健康地生活。无论在过去还是在科技日新月异的新时代，体育都是顶尖的教育，体育教育都要以人为本、育人至上。尤其在后疫情时代，体育教育发挥着独特且不可替代的教育作用，因此，混合式体育教学让高校体育教学更有力量。

（二）混合式体育教学的效果

尽管单纯的线上体育教学在特殊时期有一定优势，但弊端与不足不言而喻。后疫情时代，混合式体育教学才是高校体育教学的最优选择。为什么混合式体育教学的效果优于传统面授？因为混合式体育教学并非孤立地将线下和线上分开进行教学，而是重新设计体育教学，有目的地重新规划课程，利用新的教学资源、教学平台、教学手段将线上和线下有机融合，使体育教学更加灵活多变，使学生的学习和锻炼更加自主化、个性化，也能更好地促进师生、生生社交，使体育教学更加有爱、有趣、有法、有效。线上平台还能跟踪学生的体质变化，把学生的健康数据数字化，让健康可视、可练、可控、可调。时代告诉我们，技术不会代

---

① 赵红凤. 新形势下"课程思政"理念融入体育课程路径的探究[J]. 当代体育科技，2019，9（15）：208，210.

替教师，但是那些会使用技术的教师终将替代不使用技术的教师[①]。

（三）混合式体育教学的设计

首先，我们须明确什么是混合学习课程设计，它不是简单地将面授的一部分课程搬上网，而是重新设计课程，创造一种新的学习环境，结合线下和线上学习的优势，优化学生的学习体验。它的目的是使学习更加有效率、有效果、便利且灵活。

重新设计课程就意味着改进乃至改革，技术的不断更新使跟踪记录学生的学习轨迹成为可能。混合式体育教学需要进一步阐明教学目标，设计更加丰富的教学活动，细化每项活动的体验。混合式体育教学要比传统体育教学更有利于学生开展有效的学习和自主的锻炼。混合式体育教学的课程设计需要先了解学生的先前知识，知道学生知道什么和不知道什么，更要知道学生想要什么，以及了解学生的误区。例如，在体能课上，存在女生认为练力量就会使腿和胳膊变粗、男生认为自己根本不需要柔韧训练等误区。课程设计遵循线上讲深讲透、线下练懂练会的原则，帮助学生像专家一样思考，逐步构建结构化的思维模型，为学习迁移提供机会。通过定期的形成性考核，以及"知识传授+过程性能力实践+元认知+反思提升"相结合的方式，帮助学生成为反思型学习者。这个过程本身就是批判性思维形成的过程，也是自我认识与实践不断成型和塑造的过程。线上和线下有机衔接，让混合式体育教学成为研究型课程，使学生养成主动学习、主动练习的习惯，在思考中学习，在练习中提高，真正培养他们的研究创新能力。正如爱因斯坦（Einstein）所说：被放在首要位置的永远应该是独立思考和判断的总体能力的培养，而不是获取特定的知识[②]。

体育课其实是一门以线下实践为主的课程，而线上课程给学生提供了更多弄懂、弄通、弄透的渠道，进一步打开思维，拓宽视野，促进社交。线上和线下的

[①] 肖英. 终身体育锻炼在高校体育教学中的引入机制[J]. 体育时空，2017（12）：80.
[②] 爱因斯坦在纽约奥尔巴尼市政府教育大厦校长厅举行的庆祝会暨纽约州立大学第72届毕业典礼上的发言。

结合碰撞出新的火花。后疫情时代，混合式体育教学的优势在于，课程设计多元化，师生接触增多，学生交流互动增多，能促进学生主动学习，按时完成任务，提供及时反馈，尊重多元智能，促进个性化发展。

混合式体育教学还承担着一个极为有意义的设计和任务，即通过混合式体育教学引入大学生体质健康研究，调查大学生的体质现状、对科学健身知识的掌握，以及体育运动对他们体质的作用和效果，并对其体质进行管理，长期跟踪、检测、分析、评估、干预和维护。通过合理的课内外教学，利用健康资源等，在混合式体育教学过程中开展大学生体质健康管理的实践，使大学生在校期间达到最佳健康效果。将大学生体质健康档案、健康知识传授、体育锻炼指导、学生锻炼反馈等信息融合应用在混合式体育教学实践中，为建立和完善大学生体质健康管理体系奠定基础。把大学生体质健康管理融入混合式体育教学中，不仅为大学生的健康保驾护航，还为体育教学和科研一体化提供了工具，这正是后疫情时代高校体育教学赋予体育教师的更深远的意义。

三、结论与建议

体育是综合国力的体现，全民健身正是由体育大国向体育强国迈进的重要组成部分。在2018年教师节当天，习近平总书记提出，体育教师要帮助学生在体育锻炼中享受乐趣、增强体质、健全人格、锤炼意志，以立德树人铸就教育之魂。习近平总书记以"建设体育强国"为目标，将"体育强国梦"的烙印深深地打在了每个中国人的心上。国家重视体育，高校重视体育教学。在后疫情时代，我们提出体育教学新视野：以人为本，育人至上，运用先进教育理念和技术，开发混合式体育教学，教师用心打磨出有爱、有趣、有法、有效的体育教学。这是时代的需求，是教学高质量的保障及教学弹性化的必备。也许，在混合式体育教学的路上有不少困难，把新思想、新技术、新视野融入高校体育教学是为了促使更多体育教师研究教学，通过联结、鼓励、信任、轻推的原则，使高校体育教师更加投入教学,高质量地"为祖国健康工作五十年",培养人格健全、肩负使命、追求卓越的大学生,为中国体育教育事业作出更大的贡献。

35 研究性学习大显神威

研究性学习作为当代国际教育界推崇的一种前沿学习理念与模式,其核心在于鼓励学生在教师的精心引导下,从丰富多彩的校园生活及广阔的社会实践中自主选择并确定研究课题。在这一过程中,学生不仅需主动探寻知识、灵活应用所学,还需直面问题,寻求解决方案,从而实现知识的深化与能力的飞跃。研究性学习在多个维度上展现了其独特的价值:它促进了学生知识技能的系统掌握及创新思维与能力的提升,增强了学生适应复杂多变社会的能力,并深刻塑造了学生的现代学习观念[1]。尤为重要的是,研究性学习所倡导的教育价值追求与我国当前高校公共体育课程的教学目标高度契合,均致力于通过教学模式的改革与创新,实现学生全面发展与个性化成长的双重目标。这不仅体现了我国高等教育体系对于培养学生综合素质与创新能力的重视,还符合高校公共体育课程教学改革所倡导的"以学生为中心,注重实践与探索"的核心理念。因此,将研究性学习融入高校公共体育课程教学中,不仅仅有助于提升课程教学质量与效果,更能为学生的终身体育意识与综合能力的形成奠定坚实基础。

截至 2024 年,清华大学在本科体育教学中引入街舞课程已经有 21 年的时间,但关于大学融入街舞教学的研究非常少。街舞运动充满活力,学生在学习的同时既锻炼了身体,又体会到舞动的快乐,身心愉悦。学生对其有极大的兴趣,越来越多的学生因会跳街舞而自豪,从中体会到学习与创新的乐趣。在参考借鉴

---

[1] 王丽珍,武淑婷."基于融合理念创新课堂教学"混合研训模式构建[J]. 中国电化教育,2018(2):127-133.

国内外最新研究成果的基础上，根据我校体育教学的实际条件，我在街舞课的教学中，设计了相应的研究性学习模式，以"研究性学习模式与创新能力"为导向，在街舞选修课中进行教学探索与实践，通过教学实验法来探讨该模式对实际体育教学效果的影响，以期为我国高校在公共体育课程教学中更有效地应用这一教学模式提供有益的参考和借鉴。

我的研究对象是我的街舞选修课学生，共60人。实验着重在理论分析的基础上运用文献资料法、个案访谈法、数理统计法等研究方法，做出定性和定量的演绎、归纳、类比和分析。通过数据库（Web of Science、Sport Discus、Google Scholar等）检索和图书阅读等方式查找、整理与我的研究有关的国外文献及书籍；通过CNKI等数据库检索国内相关文献，通过超星电子书库、图书馆等查阅相关国内书籍和论著。国内外文献资料的收集和整理为研究性学习模式在街舞选修课中的教学探索与实践研究奠定理论基础。针对我研究的需要，我对常年在一线教学的高校街舞教师进行了访谈，了解当前街舞的教学方法和模式，并请教了街舞教学的发展方向等。另外，根据街舞课专项和素质测试结果，我选取了20名学生，对其进行访谈，对研究性学习模式在街舞课教学中的使用情况及其效果进行深度分析。为了获得所需的实验数据，在学期初和学期末分别对学生进行了测试，测试量表为创造力测试量表和大学生体育学习兴趣水平量表。创造力测试量表是心理学家尤金·劳德塞（Eugene Laudese）编制的，共75题，按照计分表用正分减去负分，得出实际分数。若总分为125～150分，则是特别有创造性；若总分为90～124分，则是非常有创造性；若总分为55～89分，则是创造性强；若总分为35～54分，则是创造性弱；若总分为12～34分，则是没有创造性。大学生体育学习兴趣水平量表由张惠红、季克异编制，是测试大学生学习兴趣的工具。该量表一共30条陈述句，包括课外进行自主体育学习的程度、喜爱体育课的程度、课外关注和参与体育活动的程度、厌恶体育学习的程度四个维度。每道题按1～5分进行评分，维度中各题得分相加为该维度总分。之后，对回收的量表进行数理统计分析处理，对所获得的各项数据运用SPSS22.0统计软件进行统计分析，主要统计学分析包括各项数据的汇总、求平均值、T检验、方差分析及相关分析。将街舞课学生测得的各项指标进行前后对照和比较分析，并归纳出相应的规律。经过两年的实验研究，取得了一定的研究成果。

1. 研究性学习模式主要解决的教学问题

（1）突破传统的体育教学模式，全面培养和提高学生的团队意识、合作精神、拼搏精神等，实现真正的价值塑造。

（2）研究性学习模式全面激发学生的创新意识，提高学生的创新能力。

（3）研究性学习模式促进教师与学生形成良好的师生关系。

（4）在街舞选修课教学中，采用研究性学习模式的意义不只是学习方式的简单变化问题，而是学生自己的真实而深切的体验会导致他们学习观念、学习态度、学习方式方法等一系列的转变[1]，主要表现在：①由以外在的学习目的为主转变为以内在的学习目的为主；②由被动的"要我学"转变为积极、主动、自觉式的"我要学"；③由过多地"从听中学""从看中学"转变为在此基础上的多种方式的学习，如"在做中学""在试中学""在研究中学""在实践中学""在合作中学"；④由以个人学习为主转变为个人与团队的合作式学习；⑤由以知识、技术学习为主转变为既学习知识、技术又学习观念态度、品德行为、情意发展等；⑥由封闭的、静态的学习转变为开放的、动态的学习；⑦由课内学习转变为课内外一体化学习；⑧由机械模仿记忆式学习转变为在独立思考基础上的合作、创新式学习[2]。这一系列转变帮助学生树立了新型的体育学习观，充分调动了他们学习和创造的积极性、主动性，使他们的创造能力得到了充分发挥。

---

[1] 王淑英，范红哲，刘志红. 在高校体育专业健美操教学中实施"合作学习"的实验研究[J]. 北京体育大学学报，2006，29（4）：531-533.

[2] 杨峰. 大学体育与健康课程教学新视野研究性学习[J]. 南京体育学院学报，2005，19（5）：97-99.

2. 研究性学习模式的教学阶段和方法

研究性学习模式的教学可分为四个教学阶段，每个教学阶段各有侧重但无明显界线并呈螺旋式上升，以保证教学的整体性和实效性。

第一阶段：欣赏—尝试—个性发挥—自我欣赏，侧重学生兴趣和个性的培养。欣赏：通过教师的示范等，给学生一种美的感受，激发学生对美的向往，使其产生学习与运动的动机，并将动机转化为行动。尝试：教师在慢节奏的动作示范与配套的语言提示下，让学生尝试模仿，初步体会动作的本体感觉。个性发挥：学生尝试练习，教师观察引导，实行个体引导与集体引导相结合，使学生在运动中充分发挥自己的运动特点，掌握运动的方法，并在不断熟练的过程中使动作美化。自我欣赏：选择具有感染力的音乐，使学生全身心投入运动中，成为运动的主体，感受运动带来的美。

第二阶段：激发情感—感受运动氛围—提出研究性模式，侧重学生技术和身体能力的提高，启发学生思考与创新。激发情感：通过教师进行技术讲解时情感的外部表现（面部表情、身体语言、言语表达），激发学生愉快的心境与运动的激情，自娱自乐。感受运动氛围：在教学中，教师与学生共同成为教学的主体，使教与学融为一体、师与生融为一体、交流与运动融为一体。打破传统的纯"数字"口令，运用与动作相配的"语言"口令，并用面部表情与肢体动作进行情感与情绪的交流。提出研究性模式：在良好氛围的影响下，播放学生所喜爱的动感 Hip-Hop（嘻哈）音乐或节奏感强的流行音乐，使学生不由自主地手舞足蹈，快乐运动。在这一阶段提出研究性模式，激发并引导学生的思考与创新，提炼出街舞套路所要表现的主题，并研究如何通过技术来体现。

第三阶段：街舞创编方法的学习—激发学生的研究欲望并进行研究性学习方式方法指导—小群体练习与研究—强化训练，侧重创编能力、创新能力和研究能力的培养。街舞创编方法的学习：通过教师创编方法的引导，刺激学生大脑积极思考，个性化地对动作进行改编，改编成适合团队成员和研究主题的动作，对动作创编有整体认识。激发学生的研究欲望并进行研究性学习方式方法指导：给学生提供主题、场景，对成套动作进行主题研究，即技术动作与主题密切相关，使整套动作体现出一个主题甚至是一个故事、一出戏，充分激发和发挥学生的想象力、创造力、编排能力、表现力、团结协作能力等。小群体练习与研究：运动技能的形成存在个体差异，每个人的想法不同，学生依据个人情况组成适合自己的小群体，互帮互学，进行技术与情感的交流、思维与智慧的碰撞，提高运动技能，培养社交能力，挖掘创新与研究能力。强化训练：在学生基本熟练动作的基础上，从动作的规范、力度、节奏、幅度等方面进行强化训练，达到教学目标，确立研究课题并制定课题研究方案。

第四阶段：理论引导（贯穿教学的全过程）—方法指导—自觉锻炼—实施研究方案—分析研究信息并撰写研究报告，侧重学生终身体育意识的培养。理论引导：在理论上使学生懂得街舞运动的方法与意义，并能用它满足主体身心健康的需要，形成一项终身体育项目。方法指导：进一步对街舞创编方法进行指导，并结合不同运动的练习形式，如健美操、瑜伽、足球、篮球、武术等，进一步引导学生创新能力的发挥，为形成终身体育意识打下坚实的基础。自觉锻炼：把锻炼延伸到课外，培养学生自觉锻炼的习惯，让学生根据理论引导与方法指导去自我感受、互相学习，在锻炼的同时有所创新。实施研究方案：通过理论—实践—理论—再实践的过程，把课内外获得的理论知识、运动技能、创编方法，结合个人创新与编排能力，创编一套具有小组特色的街舞组合套路。分析研究信息并撰写研究报告：把动作的图形、路线、表现形式、创编主题和意图及其编创研究信息以研究报告的形式撰写出来。

完成四个教学阶段的教学之后，进入最后教学考核。考核包括小组研究成果的展示与交流，涵盖报告、多媒体演示文稿、口头演讲及街舞技术实操展示等多种形式与内容。在综合评价考核阶段，我们采取过程评价与结果评价相结合的方式，确保评价的全面性和公正性。评价主体以教师为主，同时学生个人和小组积极参与评价过程，完善评价体系，提升评价水平。

3. 研究性学习模式的主要创新点

（1）在街舞选修课中，采用研究性学习模式以培养学生的研究性能力和追求卓越的态度，以及发现问题、提出问题、解决问题的能力为基本目标。

（2）研究性学习模式以学生学习街舞理论、技能和创编方法等为基本的学习载体；以在提出问题和解决问题的全过程中学习到的研究方法、获得的丰富且多方面的体验及获得的知识技能为基本内容；在教师指导下，以学生自主采用研究性学习方式开展研究为基本的教学形式。

（3）研究性学习作为当前国际教育界倡导的一种新的学习理念和学习模式，是指学生在教师的指导下，在研究过程中主动地获取知识、应用知识、解决问题，充分挖掘和体现创新能力的学习活动。它对学生掌握知识技能、提高创新能力、增强社会适应性及树立现代学习观等方面具有独特的作用。这一教育教学价值取向与我国当前高校公共体育课程教学目标有相似之处，符合我国高校公共体育课程教学改革的精神和要求。

4. 研究性学习模式的实施

实施研究性学习模式，其教学过程的主要环节设计为：讲述街舞选修课的考核内容、标准与要求—学习街舞基本技术和创编方法—创设情境激发学生的研究欲望并进行研究性学习方式方法指导—划出课题选择的范围—学生自由组成课题小组（每组5～6人）并推选小组长—各小组确立研究课题—制定课题研究方案（包括研究目的、内容、过程、方式方法、预期成果及评价等）—实施研究方案—分析研究信息并撰写研究报告—小组研究成果展示、交流—综合评价考核[①]。

---

① 联合国教科文组织国际教育发展委员会.学会生存：教育世界的今天和明天[M].北京：教育科学出版社，1996.

5. 研究性学习与创造力的关系

根据《现代汉语词典》（第7版）："创"是开始（做）、（初次）做的意思，"造"是做、制作的意思，"创造"的意思就是想出新方法，建立新理论、做出新的成绩或东西。在创造学界看来，创造就是站在新的角度，运用新的程序和方法，提供新颖的、独创的、具有社会意义的产品的活动[①]。创造力是一种能力，是个人或群体在适合的环境中，在某一特定情境的刺激下（如环境影响或教育），通过创造思维，将旧有的知识、经验与新的情境相结合，产生具有独特性与价值性的发明、产品改良或问题解决方式等的能力[②]。本书中的创造力是指在街舞教学过程中，基于所学习的街舞理论知识及其理解进行动作的创编、队形的创新，发现问题，运用创造思维，从而产生具有独特性与价值的问题解决能力。

研究性学习的重点是培养学生的问题意识和创造力。问题意识即一种怀疑精神、探索意识，它是创造的起点，没有问题意识就不会出现创造力。研究性学习注重学生创造力及主体性人格的培养，探究、创造、发现等能力是学生健全个性的有机组成部分，而个性健全发展是倡导研究性学习的出发点和归宿。研究性学习与创造力是相互依存、相互促进的。

6. 研究性学习模式实施的关键

研究性学习模式实施的关键在于研究的过程。研究性学习包含自主选择研究课题、确定研究方案、收集和整理信息、展示研究成果等，是一个完整的过程，学生亲自体验发现问题、分析问题直至解决问题的过程，真正感受到研究带来的收获与成长，获得自主性的发展[③]。研究性学习强调学生的主动学习和探究，注重培养学生的创新精神、实践能力和终身体育观，重视学生获得人生体验，形成科

---

① 杨骞，张振. "研究性学习"的思考与实践[J]. 辽宁师范大学学报（社会科学版），2004，27（1）：64-66.
② 赵丰平，王旭飞. 研究性学习探索与实践：研究从这里起步[M]. 沈阳：东北大学出版社，2005.
③ 栗亚冬. 研究性学习理论与实践读本[M]. 沈阳：沈阳出版社，2006.

学态度，增强团队精神，等等。研究性学习的考核方式与评价方法突出发展性、过程性、多元性[①]。

通过教学实验等方法对以研究性学习模式和创新能力为导向的街舞选修课教学探索与实践进行检验，得出以下结论。

（1）研究性学习模式较传统的体育教学模式更有利于提高学生对街舞运动的学习兴趣，在增强学生运动参与性方面效果明显，优于传统的体育教学模式。研究性学习模式实施过程如图 35-1 所示。

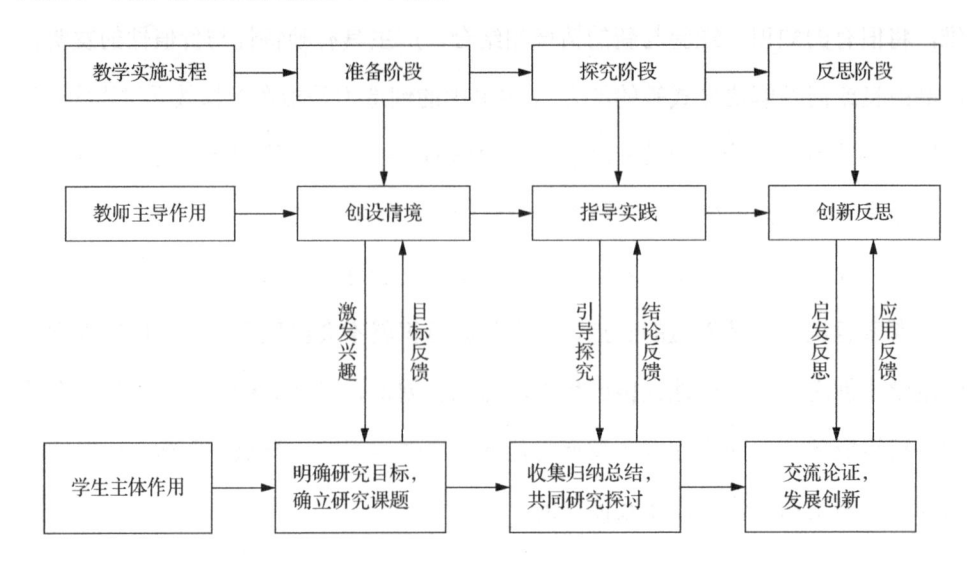

图 35-1 研究性学习模式实施过程

（2）研究性学习模式较传统的体育教学模式更有利于促进学生对街舞理论知识的掌握和街舞运动技能的提高。

（3）研究性学习模式在培养学生团队意识和合作精神方面优于传统的体育教学模式，比传统教学方法更有利于提高学生的创新意识和创新能力。

完成教学实验后对创造力测试量表的测试结果进行分析，实验班测试结果的组内比较如表 35-1 所示。从表 35-1 中可以看到，通过运用研究性学习作为街舞

---

① 毛振明. 学校体育学[M]. 北京：高等教育出版社，2001.

学习方法的实验班的创造力比进行研究性学习前有了显著性的提高。这说明研究性学习能有效地提高学生的创造力。

表 35-1 实验班测试结果的组内比较

项目	组别	均值±标准差	T 值	P 值
创造力测试量表	前测	48.66±17.62	−3.76	<0.001
	后测	60.32±16.28		

创造力测试量表是经由反复的信度效度检验所发展出来并作为评定个人创造力的量表。可以根据测试者的个人价值取向、工作态度、解决问题方式、兴趣、人际关系等，衡量一个人的创造力。如果一个人的兴趣广泛、想象力丰富且敢于冒险，具有不怕困难、勇于挑战的精神，就能从侧面看出此人的创造力较强。经过 16 周的研究性学习实验，发现实验班学生的创造力明显有了提高。

（4）研究性学习模式比传统教学方法更有利于构建和谐的师生关系，增进学生间的友谊。研究性学习模式较传统教学方法更能使学生认识到自己当前学习观存在的问题，从而有利于学生树立新型的体育学习观和正确的价值观。

实验研究结果表明，研究性学习模式在培养和提高学生对街舞运动的兴趣，促进学生参与街舞运动，帮助学生掌握街舞理论知识和提高运动技能，培养学生的团队意识、合作精神、创新意识、创新精神和实践能力，构建和谐的师生关系，以及帮助学生树立新型的体育学习观方面的教学效果都优于传统的体育教学模式。这一学习模式提高了教学质量，为我国高校在公共体育课程中更有效地应用教学模式提供了有益的参考和借鉴。

36 体育的游戏化思维

体育是什么？不同的专家有不同的解答。有的说体育是身体的教育，有的说体育是一种复杂的社会文化现象，有的说体育就是运动，还有的说：体育就是游戏。无论哪种说法，都充分说明体育其实很复杂，内容多、涵盖广、功效大。

1. 游戏的定义

游戏（Game）是所有哺乳类动物特别是灵长类动物学习生存的第一步[①]。它是一种基于物质需求满足的，在特定时间、空间范围内遵循某种特定规则的，追求精神世界需求满足的社会行为方式。这种行为方式也是哺乳类动物或者灵长类动物所需的一种排解压力的方式，是在幼年期、发育期、成熟期都需要的一种行为方式。

合理适度的游戏允许人类在模拟环境下挑战和克服障碍，可以帮助人类开发智力、锻炼思维、提高反应能力、训练技能、培养规则意识等，但大多游戏对于人的实际生活的促进作用非常有限。赵海兰和祝智庭对游戏的综述如下[②]。

（1）柏拉图（Plato）对游戏的定义：游戏是一切幼子（动物的和人的）因生活和能力跳跃需要而产生的有意识的模拟活动。

（2）亚里士多德（Aristotle）对游戏的定义：游戏是劳作后的休息和消遣，本身不带有任何目的性的一种行为活动。

（3）拉夫·科斯特（Raph Koster，索尼在线娱乐的首席创意官）对游戏的定义：游戏是在快乐中学会某种本领的活动。

（4）《辞海》对游戏的定义：以直接获得快感为主要目的，并且必须有主体参与互动的活动。这个定义说明了游戏的两个最基本的特性：①以直接获得快感（包括生理和心理的愉悦）为主要目的；②主体参与互动，指主体动作、语言、表情等的变化与获得快感的刺激方式及刺激程度有直接联系。

---

① 张金磊，张宝辉. 游戏化学习理念在翻转课堂教学中的应用研究[J]. 远程教育杂志，2013，31（1）：73-78.
② 赵海兰，祝智庭. 教育游戏的国际研究动向及其启示[J]. 中国电化教育，2006（7）：73-76.

2. 游戏的发展和演变

游戏，伴动物而生。在动物世界里，游戏是各种动物熟悉生存环境、彼此相互了解、练习竞争技能，进而获得"天择"的一种本能活动。

游戏，随人类而造。在人类社会中，游戏保留着动物本能活动的特质，同时，人类作为高等动物，为了满足自身发展的需要创造出多种多样的游戏活动。

游戏，并非为娱乐而生，而是一个严肃的人类自发活动，怀有生存技能培训和智力培养的目标。

3. 游戏的相关理论

董虫草对游戏理论的相关研究如下[①]。

本能说：德国诗人和剧作家席勒认为，"人类在生活中要受到精神与物质的双重束缚，在这些束缚中就失去了理想和自由。于是人们利用剩余的精神创造一个自由的世界，它就是游戏。这种创造活动，产生于人类的本能"。

剩余能量说：英国哲学家赫伯特·斯宾塞（Herbert Spencer）认为，"人类在完成了维持和延续生命的主要任务之后，还有剩余的精力存在，这种剩余的精力的发泄，就是游戏。游戏本身并没有功利目的，游戏过程的本身就是游戏的目的"。

练习理论：德国生物学家格鲁斯（Groos）认为，游戏不是没有目的的活动，而且并非与实际生活没有关联。游戏是为未来生活做准备的活动。

宣泄理论：西格蒙德·弗洛伊德（Sigmund Freud）认为，游戏是被压抑欲望的一种替代行为。

文化起源理论：约翰·赫伊津哈（Johan Huizinga）认为，游戏是文化中的固有成分，游戏所代表的竞赛精神和休闲精神促进了社会发展。

游戏论之父豪伊金格（Hoyginger）认为："游戏是在明确规定的时间、空间里所进行的行为或者活动。它是按照自发接受的规则来进行的。这种规则一旦被

---

① 董虫草. 胡伊青加的游戏理论[J]. 浙江大学学报（人文社会科学版），2005, 35（3）：48-56.

接受就具有绝对的约束力。游戏的目的就存在于游戏行为之中。它伴有紧张和喜悦的感情，与日常生活不同。"

刘欣然和张学衡认为，豪伊金格的这一论述高度概括了游戏的本质属性，并在此基础上多方面、具体地对游戏的本质属性进行了解释，内容如下[①]。

（1）游戏是一种自由的活动。豪伊金格认为，游戏并不是受肉体需要及道德义务的驱使所进行的活动，它完全是一种自发的自由的行为。因此他说："在被命令之下所进行的游戏已经不能叫作游戏了。"

（2）游戏是非日常性的活动。关于这一点豪伊金格指出："游戏不是'旧常的'或者'本来的'生活。它是一种按照自身固有的倾向由日常生活进入某种暂时活动领域的行为。"豪伊金格认为，游戏不是严肃的工作而是空闲时的游玩。游戏本身与现实社会里的各种利害冲突及游戏以外的各种目的没有关系，人们只是在游戏这一活动中得到满足。

（3）游戏是在特定的时间和空间里所进行的活动。豪伊金格认为，游戏从开始到结束及游戏里各种动作之间的顺序均受时间的限制，同时游戏是在日常生活内部所设置的暂时空间内进行的活动。因此他认为游戏的时间和空间是游戏区别于日常生活的一个特征。

（4）游戏是伴有竞争的活动。豪伊金格指出，游戏多少带有竞争性，相应的其含有竞争性的程度与意义也在不断增加。他认为游戏中的这种竞争性在竞技运动中表现得尤为突出，通过竞争，人们的体力、毅力及持久力可以得到锻炼。

（5）游戏是有规则的活动。也就是说，凡是游戏必有其特定的规则，并且这种规则对游戏中的每个人都有绝对的约束力。因为如果没有规则，游戏这一共同体也就不存在了。正如豪伊金格所指出的那样："一旦规则被破坏，游戏世界也就土崩瓦解了。"

（6）游戏是具有娱乐性的活动。豪伊金格主张，游戏是在欢乐和自由的气氛中所进行的行为。人们可从日常生活的苦闷及工作的重压中解脱出来，在游戏中

---

① 刘欣然，张学衡. 基于游戏理论的体育哲学考察[J]. 上海体育学院学报，2010，34（4）：39-43.

消除各种压力，获得欢乐。

体育社会学家分析认为，游戏是竞技体育发展的低级阶段。许多竞技项目最初不过是人们在业余时间的简单玩耍，经过加工整理，产生了简单的规则和裁判方法，变成了局部地区的民间游戏。其中有些游戏再经过社会组织认定，确定明文规则，规范场地器材与组织形式，就逐渐转化为正式体育项目。从玩耍、游戏发展到竞技体育，这一过程展现了以下规律：自发性、休息性、娱乐性逐渐减少；对体力要求逐步提高，而且要求有事前的技术、战术训练，因此更加依赖有组织的教育和社会化过程；规则性、组织性、职责分工明显加强，管理趋向严格；参与动机复杂化，利益动机多元化。可以说竞技体育是游戏的典型化发展。

我想说：游戏的本质并不是娱乐，它是人性与设计过程巧妙地融合后的产物。游戏的核心是帮助学生从必须做的事情中发现乐趣，通过让流程有趣而使体育课更具吸引力。体育课的某些环节进行游戏化的设计能提高学生的参与度，开拓更多的可能性及收获良好的效果。教师要做一位游戏设计师，形成采用固有方式获取乐趣的游戏化思维，利用现有的资源创建引人入胜的课堂，从而驱动学生做出想要的行为。爱迪生（Edison）曾说："我一辈子从来没有'工作'过，我只是在游戏。"

体育课的游戏化思维设计场景如图 36-1 所示。

图 36-1　体育课的游戏化思维设计场景

37 体育的自由学习

作为一名教师，不间断地学习和提升自我是自身的基本职责之一。每年，我会看很多书，尽管包罗万象，但教育学和心理学的书是必不可少的。我读过美国心理学家卡尔·罗杰斯（Carl Rogers）的著作《自由学习》，感慨颇深，这本书充满着对教育教学的真知灼见，闪烁着对人性光辉的无限信任。罗杰斯认为，真正的学习"就是青少年在源源不断的好奇心的驱使下，不知疲倦地吸收自己听到、看到、读到的一切有意义的东西"[1]。他在书中指出，出现这种真正的学习、培养这种真正的学生，既不容易，也很简单。说它不容易，是因为大多数教师早已习惯于知识的灌输、学生的服从，所谓"积习难改"；说它很简单，是因为只要教师以真实的面目与学生互动，将学生作为一个完整的人来珍视、信任和接纳，并能设身处地为学生着想、感同身受其情绪情感，教师就能成为学生自主和自由学习的促进者，教育就能促进学生知情统一的协调发展。换言之，只要教师在与学生互动的过程中，营造了真诚、尊重和同感的氛围，自由的学习就会产生，健康的学生自然就会出现。

《自由学习》这本书前言第一句引用爱因斯坦的话："近代学习方法竟然还没有完全扼杀求知的好奇心，这真是一个奇迹；为了保护好奇心这株脆弱的幼苗，除了鼓励之外，最需要的是自由；没有自由，它必定会夭折。"体育教育何尝不是如此，教师只有营造充满关爱、客观公正、积极向上、激励上进的环境，才能培养学生的自主精神和自我表达。所有的个体都蕴含着一种自我指导生命的能力，既能令自己满意，又能对社会有益。在一种特殊的帮助关系中，我们给个体以发

---

[1] 罗杰斯，弗赖伯格. 自由学习[M]. 王烨晖，译. 3版. 北京：人民邮电出版社，2015.

现自己内在智慧和自信的自由,他们将会做出更加健康和更具建设性的选择。教师要使学生全身心地投入学习,让学生在课堂上并非信息的接受者而是思想的创造者。

罗杰斯认为,教师应该成为良好的学习促进者,学习促进者是将学习者的需要和兴趣放在首位的人。作为美国的教育学家和心理学家,他认同2500多年前中国哲学家老子描述的良好的学习促进者的样子:"太上,不知有之;其次,亲而誉之;其次,畏之;其次,侮之。信不足焉,有不信焉。悠兮其贵言。功成事遂,百姓皆谓我自然。"

《自由学习》这本书中的思想和理念带给我很多思考,帮助我更好地在体育教学工作中实践。希望自己保持自由学习的心和不断成长的行动,努力成为一名良好的学习促进者。

在我的街舞课"以演代赛"的表演环节,学生们常自己制作队形变化图形。我没有布置画图、写文字等各项任务,但很多学生会自己写剧本、做编剧、制作音乐、创意动作,用文字或漫画记录上课和自我练习的过程,等等。用街舞的形式呈现一台舞台剧或音乐剧,他们乐在其中,尽情展现自己的才华和热爱,记载属于他们自己的街舞课故事,我真心为他们感到骄傲。

学生们制作的部分队形变化图形如图37-1所示。

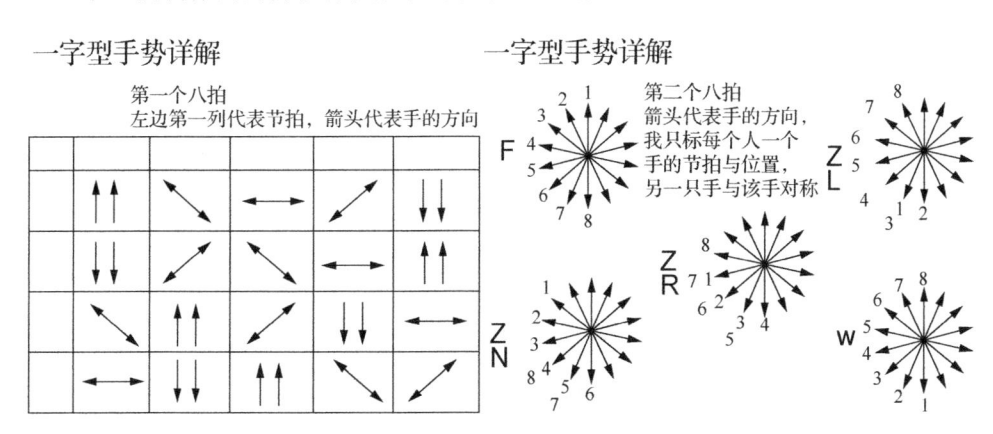

图 37-1 学生们制作的部分队形变化图形

在清华大学，体育课的自由学习不仅体现了对学生个性的尊重，还展示了学校对于体育教育的深入理解和全面规划。

（1）体育课的自由学习为学生提供了更多的选择空间。清华大学实施"4+2+2"的体育课教学模式，即在本科的八个学期中，学生有六个学期可以根据自己的兴趣和特长选择体育课程。这种模式允许学生跳出传统的体育框架，去探索自己真正热爱的运动项目。无论是田径、球类、游泳，还是武术、跆拳道、艺术体操等，学生都可以根据自己的喜好进行选择，使体育课成为真正意义上的兴趣导向的学习。

（2）体育课的自由学习有助于培养学生的自主性和创新性。在选择体育课程的过程中，学生需要对自己的需求和目标有清晰的认识，这有助于他们培养自我管理和自我规划的能力。同时，通过参与不同的体育项目和活动，学生可以发掘自己的潜能和优势，进而在体育领域实现创新和突破。

（3）体育课的自由学习还有助于促进学生的全面发展。在清华，体育绝不仅仅是一种锻炼身体的方式，还是一种塑造人格、培养意志品质的重要途径，更是一种深植于每位清华人心间的精神。通过体育课和各类体育活动，学生可以将在体育中学习和体验到的团队合作、公平竞争、坚持不懈、勇于突破等品质，迁移到他们未来的学习和生活中，并产生积极的影响。

（4）体育课的自由学习并不意味着放任自流。教师会为学生提供专业的指导和建议，帮助他们了解、熟悉并爱上体育。同时，教师会根据学生的实际情况和需求，制定个性化的教学方案，以确保每位学生都能在体育课中获得最大的收益，并使这种收益延伸于课堂之外，沉浸于生活之中。

因此，清华的体育课自由学习模式既尊重了学生的个性需求，又促进了他们的全面发展。这种自由模式不仅有助于学生的体育兴趣培养和技能发展，还有助于他们在未来的学习和生活中实现自我价值与社会价值的统一，成为真正的自己。

38 人工智能赋能街舞教学的思考

人工智能技术在体育科学中的应用正在不断发展和创新。它能为体育教学提供更多个性化、智能化的服务与体验，促进体育教学的进步、发展与数字化。数字赋能高校体育教育培养健康人才是培养拔尖创新人才的前提，助力构建学习型社会和学习型大国，同时为建设教育强国、体育强国和健康中国打下坚实的基础，全方位为新时代高校体育现代化赋能，"五育并举"全面育人，促进大学生的身心健康。

在体育选修课的街舞课中可以利用人工智能技术做以下几个方面的改革。

1. 街舞动作的分析与评估

（1）利用人工智能技术可以对学生的动作进行识别和分析，以评估动作的准确性和优劣。这有助于学生了解自己动作的问题，并进行针对性的训练调整。一些系统还可以提供实时反馈和指导，帮助学生及时改进。

（2）人工智能技术可以使用深度学习模型或姿势估计算法，识别出学生的姿势和骨骼关键点。通过准确的姿势识别，人工智能技术能够对学生的身体线条、角度和位置进行分析，为学生提供姿势改进和优化的反馈。通过比较学生的动作与专业舞者的标准动作，对学生的动作质量进行评估。基于机器学习算法和预定义的指标，人工智能系统可以分析学生的动作准确性、协调性、流畅性等，并给出相应的评估和建议。

2. 街舞的创作与编排

人工智能技术可以根据街舞规则和舞种，提供街舞创作和编排的灵感与建议。通过学习和分析大量的街舞作品，人工智能系统可以生成全新的动作组合、音乐配合和空间布局,为编舞学生提供创作的辅助工具。人工智能技术的主要应用如下。①音乐配合和节奏指导。人工智能技术可以通过分析音乐特征和节奏,在街舞创编及编排过程中提供音乐配合和节奏指导。它可以帮助教师基于音乐的节拍和情感,合理设计街舞动作和空间布局,达到更好的舞蹈和音乐融合效果。②动作组合和创新灵感。人工智能技术可以学习和分析大量的街舞作品与动作组合,并生成全新的动作组合和创作灵感。它可以辅助教师在街舞创编中发现新的动作组合和风格,提供不同视角的创作建议和灵感。③街舞表现和情感调控。人工智能技术可以对学生的表演和情感进行分析与识别。基于这些分析,人工智能系统可以提供关于街舞表达和情感调控的反馈与指导。它可以帮助教师和学生更好地理解、传达街舞作品中的情感,提高表演力和情感表达能力。④街舞互动表演和虚拟现实体验。人工智能技术结合虚拟现实(Virtual Reality,VR)和增强现实(Augmented Reality,AR),为街舞表演提供新的可能性。它可以创建虚拟场景、人物和道具,并与舞者互动,为学生呈现更加沉浸和充满创新的课堂。

希望人工智能技术在街舞动作的分析与评估及街舞的创作与编排方面发挥巨大作用。人工智能技术通过先进的算法和数据处理能力,为街舞教学、表演和竞赛的动作分析与评估提供了前所未有的精准度和深度。首先,人工智能技术利用高精度摄像头、传感器(如动作捕捉服、可穿戴设备等)实时捕捉舞者的身体运动数据。这些数据包括关节角度、肢体位置、速度、加速度等,能够全面记录舞者的每个细微动作。然后,通过深度学习等算法,人工智能系统能够自动识别并分类街舞中的不同动作和动作组合。这些算法经过大量街舞视频和数据的训练,能够准确识别出脚步移动、身体旋转、手臂摆动等关键动作,甚至能够区分不同风格和难度的动作。在动作识别的基础上,人工智能可以对舞者的动作质量进行评估。这包括动作的准确性、流畅性、力度控制、节奏感等多个方面。人工智能系统可以设定一系列评估标准,如动作的标准姿势、完成度、与音乐的同步性等,并通过对比分析，给出具体的评分和反馈。基于评估结果，人工智能系统能够为舞者提供个性化的改进建议。这些建议可能包括特定动作的练习方法、需要重点加强的身体部位、如何更好地控制节奏和力度等。通过这些建议，舞者可以更有针对性地提升自己的舞蹈技能。在教学练习过程中，人工智能系统还可以提供实时反馈，帮助舞者即时了解自己的表现并做出调整。例如，人工智能系统可以在舞者完成一个动作后立即给出评分和反馈，或者通过虚拟现实技术模拟出不同的舞蹈场景和观众反应，增加训练的趣味性和实用性。此外，人工智能还可以对大量的街舞数据进行深度分析，发现舞蹈发展的趋势和规律。这有助于学生和教师更好地把握街舞的潮流和风格变化，为未来的舞蹈创作和表演提供有力的支持。

人工智能技术在街舞的创作与编排方面展现出巨大的潜力和创新力，为街舞课带来了全新的创作体验和表现方式。通过深度学习和分析大量的街舞作品、音乐、风格及舞者动作数据，人工智能能够识别并理解街舞的基本元素和变化规律。基于这些理解和分析，人工智能可以生成创新的舞蹈编排创意，包括独特的动作组合、节奏变化、风格融合等。这种智能创意生成能力为编舞师提供了丰富的灵感来源和多样化的选择。传统上，街舞的编排需要花费大量时间和精力进行构思、设计、试跳、调整，而人工智能可以通过自动化编排流程，大大简化这一过程。

人工智能可以根据舞者的技能水平、风格特点和表演需求，智能匹配和组合舞蹈动作。通过分析舞者的身体条件、运动习惯和表演风格，人工智能可以推荐最适合舞者的动作序列和组合方式，使舞蹈编排更加贴合舞者的实际情况和表演需求。

街舞不仅仅是动作的堆砌，更重要的是情感的表达和传递。人工智能可以通过分析舞蹈作品的情感内涵和表现力，为学生和教师提供情感表达的指导建议。

例如，在编排一段充满激情的街舞时，人工智能可以推荐更具力量感和节奏感的动作组合，以更好地展现舞蹈的情感张力。在编排过程中，人工智能可以提供实时的反馈和调整建议。通过捕捉舞者的动作数据并进行实时分析，人工智能可以及时发现编排中的问题和不足，并给出具体的改进建议。人工智能还可以促进街舞与其他艺术领域的跨领域融合与创新。例如，通过与其他艺术形式（如音乐、视觉艺术等）的数据分析和融合，人工智能可以生成具有独特风格和表现力的街舞作品。这种跨领域融合不仅丰富了街舞的表现形式和内涵，还为街舞艺术的发展注入了新的活力和创意。这些应用有助于教师和学生获得更好的创作灵感与街舞表达，提高街舞作品的艺术质量和运动体验。

人工智能技术以其无穷的智慧和创新力量，将为我们揭开体育课街舞教学的全新篇章。人工智能技术能使教学化繁为简，将抽象的街舞动作变得易于理解和掌握；它们捕捉每个细微的动作，纠正不规范的姿态与动作，让学生不仅仅能在课堂上完美表现，更能将这份自信从容和对力与美的追求与表达延伸到课堂之外；它们深入街舞的灵魂，分析音乐的节奏，为我们指明舞蹈的节拍与韵律。有了人工智能技术的助力，街舞课教学将充满无限的可能性，它们为师生打开了通向超越和突破自我的大门，点亮师生内心深处燃烧的激情和梦想，让每个人的生命焕发新的生机与活力，让学生成为独具魅力的个体，绽放生命的魅力与诗意，传递体育的力量与价值。

39 数字赋能是现代体育教学的新趋势

《中国教育现代化 2035》提出，推进教育现代化要注重因材施教，要通过信息技术打造规模化教育与个性化培养相结合的人才培养新模式。2023年5月29日，习近平总书记在中共中央政治局第五次集体学习时指出，教育数字化是开辟教育发展新赛道和塑造教育发展新优势的重要突破口，要进一步推进数字教育，为个性化学习、终身学习、扩大优质教育资源覆盖面和提升教育现代化提供有效支撑。2021年10月，国家体育总局印发的《"十四五"体育发展规划》中提出，数字体育是指应用数字技术促进体育发展的实践活动，主要包括体育领域的数字政府治理、全民健身数字化、运动训练数字化、体育竞赛数字化和体育产业数字化等。相较于传统体育（非数字体育），数字体育在体育主体、客体、内容、要素和过程等方面赋予了体育新的时代内涵，呈现出数字性、融合性和智能性等典型特征。

高校根据现状通过数字化的体育教育制定教学策略，对教学进行数字化创新，实现学生体育运动过程全监控，构建趣味化体育运动生态环境，使学生达到身心健康的国家培养目标，为建设教育强国、体育强国和健康中国打下坚实的基础。这些都是体育教学领域跨学科（体育社会学、体育教育学、公共健康学等）、跨理论（生态社会模型、健康促进模型、社会学习理论、社会发展理论等）的创新探索，以理论为指导，丰富体育教育领域的数字化建设，建立一套可经过实践检验的教学模式。

1. 数字赋能高校体育教育高质量发展的路径

从数字体育特征、高校体育教育需求、数字赋能高校体育和数字赋能高校体育教育效果预设等方面创建数字赋能高校体育教育高质量发展的路径（图39-1），打造教会、乐学、勤练、常赛、测评"五位一体"的高校体育教育现代化。

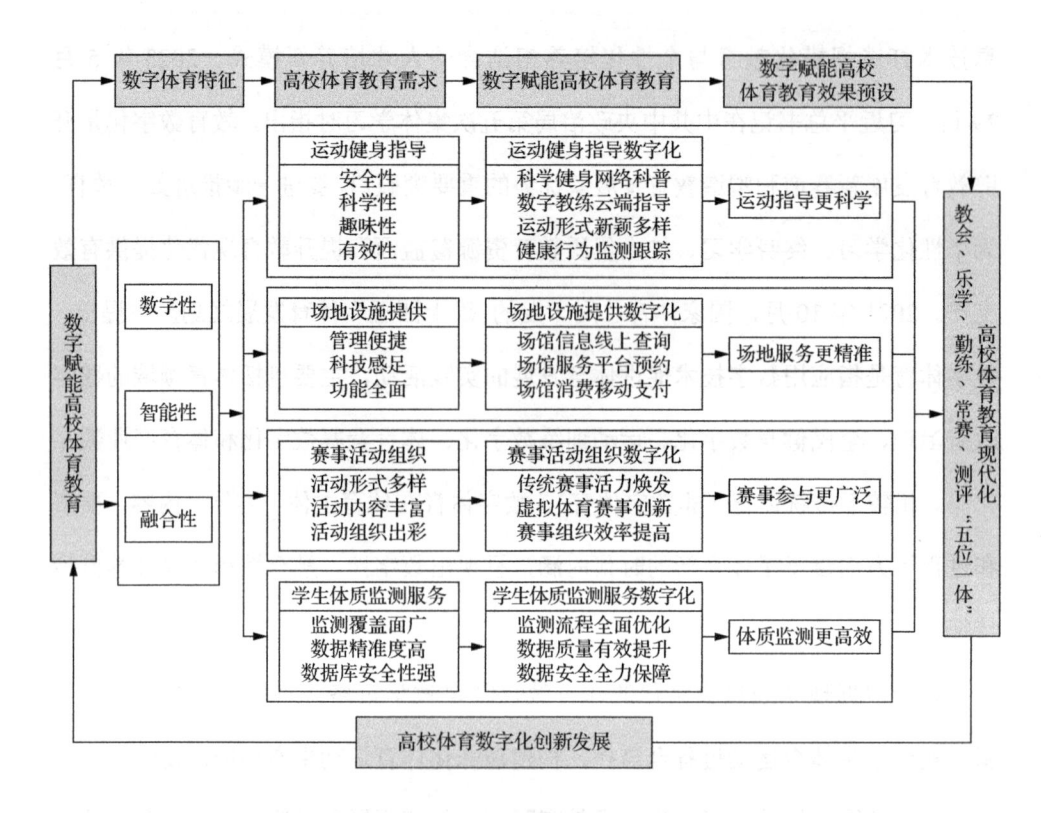

图 39-1 数字赋能高校体育教育高质量发展的路径

2. 数字赋能高校体育教育健康人才培养模式的创新与实践

数字赋能高校体育教育是新时代多样化、现代化、高质量且具有中国特色的体育教学改革，坚持立德树人、以体育人、"五育并举"，打造多元化健康人才，形成数字赋能育人新理念。通过数字赋能创新实践，建设数字赋能体育教学新模式，拓展"五育并举"数字赋能新机制，使体育教育育人成效显著增强，促进学生健康水平和综合素养明显提升，让学生真正热爱体育、享受体育，使体育教师更好地投入教学、研究教学、创新教学。数字赋能高校体育教育健康人才培养模式的创新与实践如图 39-2 所示。

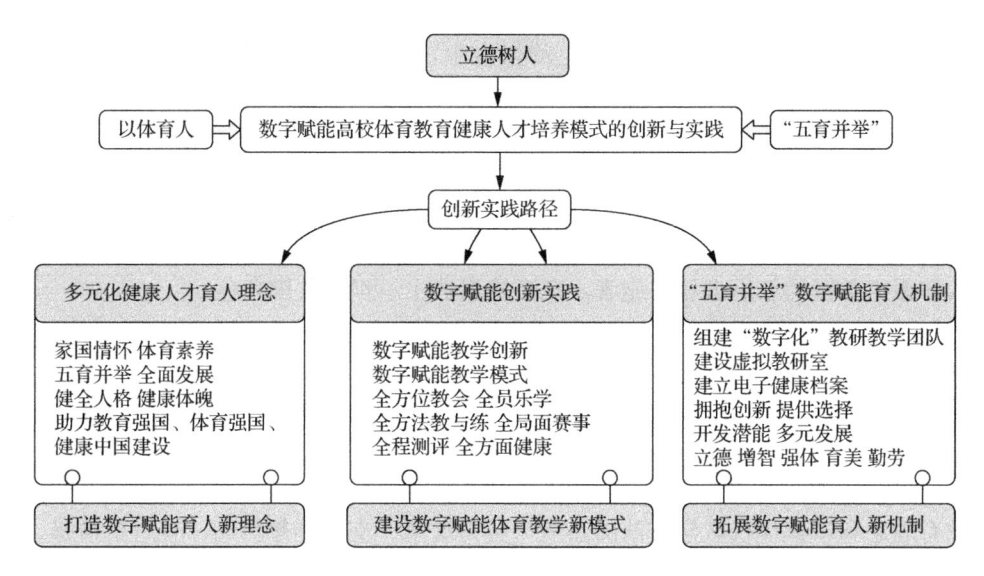

图 39-2　数字赋能高校体育教育健康人才培养模式的创新与实践

从数字赋能高校体育教育角度，对新时代健康人才培养模式进行深入分析、探讨和研究，制定数字赋能高校体育教育建设进程中具体可行的行动路径，并拟定符合当代大学生身心健康的体育教育框架和内容，全方位为新时代高校体育现代化赋能，做到"五育并举"、全面育人，促进大学生的身心健康，为实现健康中国战略作出贡献。这是新时代体育教学的新趋势，它赋予清华大学体育教育新的历史使命。

40　体育教师参加青教赛的相关探究

百年大计，教育为本；教育大计，教师为本。教师队伍素质直接决定了大学办学质量和办学水平，只有拥有高质量的教师队伍，才会有高质量的教育[1]。在中

---

[1] 李建军. 从传统教案走向现代体育教学设计——对新课程理念下的体育课堂教学设计的思考[J]. 北京体育大学学报，2006，29（1）：96-98.

▶ 不一样的高校体育教学：一名体育教师的探究笔记

国共产党第二十次全国代表大会上的报告中，习近平总书记对高校教师在科教兴国、人才强国、创新发展等方面做出了重要指示，尤其强调要加快建设体育强国。发展社会主义高等教育事业，建设具有中国特色的世界一流大学，必须抓牢高校教师队伍建设。体育教师作为高校教师队伍的主要分支，是"五育并举"育人体系中关键的组织者和实施者，在高校事业中承担着关键角色。

近年来，高校及青年教师对青教赛的重视程度渐增。青教赛的根本任务是围绕立德树人的核心点，以加强师德师风建设、锤炼教学基本功为着力点，充分发挥教学竞赛在提高教师队伍素质中的示范引领作用，激发广大高校青年教师更新教育理念和掌握现代教学方法的热情，努力造就一支有理想信念、有道德情操、有扎实学识、有仁爱之心的高素质、专业化教师队伍，推动我国高等教育现代化发展[①]。简言之，青教赛是高校青年教师成为"大先生"的助力器。

一、体育教师参赛的问题与困境

（一）机遇与挑战并存

高校青教赛的讲台是帮助青年教师获得积极发展的重要平台，备战青教赛的经历是青年教师突破和超越自我的心路历程，青教赛以赛促教的全过程更是青年教师全面提升能力、丰富经验、交流成长与自我反思的绝好机会。近年来，越来越多的体育教师走进高校青教赛的赛场，在文科组的比赛中展现体育教师的风采，在曾经"在教室里也能上体育课？"的质疑中，体育教师在青教赛中找到了机遇。体育本身是综合性学科，哲学、数学、自然科学、社会科学等学科都有在体育领域里的运用，体育学是研究体育科学体系及其发展方向的一门学科，涵盖体育学、体育基础学科、运动技术学科、体育社会学科的理论。其中，体育基础学科包括运动形态学、运动生理学、运动生物化学、运动生物力学、运动医学、运动

---

① 李芒. 高校"青教赛"历久弥新的时代缘由[J]. 北京教育（高教），2022（7）：54-56.

心理学、体育哲学、体育统计学、体育社会学、体育史学等。因此，在青教赛中体育教师的机遇在于，可以强有力地打破一些对体育课固有的偏见，挖掘参赛内容的突破点与亮点，在比赛中寻求体育的独特优势，做到"先天性"略胜一筹。机遇与挑战是并存的，体育教师参赛的机遇促使青年教师对所教课程进行深挖细掘，做到"不破不立，破而后立"。

（二）动力与压力同在

2018年，在第4届全国高校青教赛决赛中，体育教师首次获得了一等奖，这是体育教师参加青教赛的一剂强心针，体现了体育作为一门综合性学科在高校教学中的地位与意义，激发了体育教师对体育教学的激情、思考和创造，也为其投入体育教学研究与发展增添了动力，同时带来了压力。大学的课堂是充满思想和创新的，体育教师可以将课堂中多角度培养学生的创造性、创新性、开拓性、批判性思维，以及自己研究领域的思维方式、创新方法和独到的思考结果，迁移到青教赛，把压力变成前进的动力，进而争取教学赛场上的胜利。

二、青教赛的竞赛内容与评分

以2020年第5届全国高校青教赛决赛为例，以"上好一门课"为竞赛理念，竞赛由教学设计、课堂教学和教学反思三个部分组成，分数分别为20分、75分、5分。以国赛为标准，各级别的省赛、市赛、校赛的课堂教学部分所占分数比例均为最高的。

教学设计是指以1个学时为基本单位，对教学活动的设想与安排，基本要素包括题目、教学目的、教学思想、教学分析、教学方法及教学安排等。课堂教学部分的规定完成时间为20分钟，主要从教学内容、教学组织、教学语言与教态、教学特色四个方面进行考评。教学内容占30分，包括五个评分点：①贯彻立德树人的具体要求，突出课堂德育；②理论联系实际，符合学生的特点；③注重学术性，内容充实，信息量充分，渗透专业思想，为教学目标服务；④反映或联系学科发展新思想、新概念、新成果；⑤重点突出，条理清楚，内容承前启后，循序渐进。教学组织占30分，包括五个评分点：①教学过程安排合理，方法运用灵活、恰当，教学设计方案体现完整；②启发性强，能有效调动学生思维和学习积极性；③教学时间安排合理，课堂应变能力强；④熟练、有效地运用多媒体等现代教学手段；⑤板书设计与教学内容紧密联系、结构合理，板书与多媒体相配合，简洁、工整、美观、大小适当。教学语言与教态占10分，包括三个评分点：①用普通话讲课，语言清晰、流畅、准确、生动，语速节奏恰当；②肢体语言运用合理、恰当，教态自然大方；教态仪表自然得体，精神饱满，亲和力强。③教学特色占5分，包括一个评分点：教学理念先进、风格突出、感染力强、教学效果好[1]。教学反思是指结合本节段课堂教学实际，从教学理念、教学方法和教学过程三个方面着手，在规定时间内完成对本讲课节段的教学反思书面材料，一般要求字数在500字以内。

三、体育教师备赛课堂教学部分的策略

（一）目标明确，内容为王

体育教师在备赛20分钟的课堂教学时，应做到三点。①目标明确，内容简练清晰、专业且深入。切忌内容讲得多而不深，不以广度代替深度。20分钟的讲授如果内容太多，则容易造成每部分内容都没讲清楚的后果，讲解不充分，显得太满太急，效果欠佳。②课堂教学部分应不断地激发学生思考。爱因斯坦说："大学教育的价值，不在于学习很多事实，而在于训练大脑会思考。"[2]教师要知道学生不知道什么、关心什么、需求什么，只有在此基础上设计的课堂教学才更有吸引力。③课堂教学过程要有"新"意。这里的"新"是指评分规则里提到的联系学科发展的新思想、新概念、新成果；也有参赛教师自己的创新，如新思维、新方

---

[1] 中国教科文卫体工会全国委员会.关于举办第五届全国高校青年教师教学竞赛的通知[EB/OL].（2021-04-15）[2024-08-20]. https://www.swpu.edu.cn/gh/info/1177/4936.htm.
[2] 马永斌，柏喆.大学创新创业教育的实践模式研究与探索[J].清华大学教育研究，2015（6）：99-103.

法、新做法等。课堂教学过程争取做到"你无我有，你有我卓，你卓我新"。备赛的体育教师在短短 20 分钟的课堂讲授后，如果能让学生爱上体育，并令其产生一种进入体育学科研究的冲动，或产生自觉锻炼、自觉制订个性化的训练计划、想把终身体育进行到底的内驱力，那么这就是成功的青教赛课堂教学，也是高校青年体育教师应有的课堂。

（二）环环相扣，讲深讲透

20 分钟的课堂教学一般分为引入、主体、高潮、结尾，即起、承、转、合四个部分。引入的方法有很多，如提出问题、剖析现象、讨论新闻、播放视频、分析数据、分享图片、演示实验等。无论选用哪种方法，都要与学生进行联结，引发学生思考，让学生心动、情动、有效互动。主体是教师要讲的主要教学内容，体育课堂教学需要讲清楚是什么、为什么、怎么做。高潮是课堂教学部分的亮点，能充分展现教师的个人能力与魅力，也是最精彩的环节，如理论与实践的结合展示等。诚然，课堂教学不一定非要有高潮，但教学的亮点必须明确凸显。20 分钟的课堂讲授不应平铺直叙，需要引导学生由浅入深地思考，教学内容环环相扣，将其讲深讲透。最后的结尾要有总结、有升华。一个恰到好处的结尾能够起到画龙点睛的作用，给学生留下思考的空间，言有尽而意无穷，增强课程的感染力。以体能训练课程的力量素质训练为例，可以采用打破传统误区的引入方式。例如，"很多学生，尤其女生认为力量训练会让胳膊、腿变粗，因而排斥力量训练。事实上，科学的力量训练能满足练习者的需求，做到想练粗就练粗，想练细就练细。这就是科学力量训练的奥秘。"体育教师应了解学生的需求和知识盲区，逐步解释什么是力量素质、力量素质训练的原理是什么、为什么要这样练、这种训练能起到什么效果，以及本课力量素质训练的重点是什么。通过抓住一条主线，用问题引导学生思考，把问题讲深讲透，为学生答疑解惑的同时，使学生站在学科前沿，产生对科学体能训练的兴趣，进而引导他们深入钻研科学训练并激发自觉锻炼的内驱力。

(三)重点突出,深耕创新

青教赛的教学设计经常会涉及教学重点、难点、创新点的设计,在课堂教学部分的讲授中同样要体现重点突出、难点突破,挖掘创新。这就要求体育教师在平时教学中有积累的习惯,勤钻研、抓前沿、深耕创新。备赛教学内容时,从重点、难点出发,理论联系实际,精妙设置问题情境。问题设计要有层次,步步追问,把难点问题分解,然后加以归纳概括,由表及里,厘清知识的脉络,运用各种探究方法,使学生理解知识,并且会运用,形成能力,进而解决问题,达到把握重点、突破难点的教学目标。特别要重视启发式教学的应用,通过设置问题情境,启迪学生从多角度进行思考,深入剖析,层层递进地把教学过程推向高潮,让学生成为思想的创造者,而不是信息的接受者。体育教师要努力在青教赛的平台上展现体育教育改革创新的影迹。

(四)课程思政,有爱有力

在青教赛的 20 分钟课堂教学部分,并非需要刻意设计课程思政环节,课程思政可以丝丝入扣地贯穿教学始终。体育课程思政的内涵是以育人为目标,以体育课堂为主渠道,将社会主义核心价值观的要求、实现民族复兴的理想和责任及培养德智体美劳全面发展的时代新人的目标有机融入体育课程;是基于勤学苦练、敢打敢拼、不畏失败、敢于胜利的体育精神,培育具有强壮的体魄、顽强的意志、积极向上的态度和国际化的视野,忠于祖国、保卫祖国,具有家国情怀的社会主义建设者和接班人。在青教赛中,体育教师课堂教学部分的课程思政融入有着得天独厚的优势,体育中的团结奋斗、精诚合作、积极向上、坚持与拼搏、勇敢与坚韧、果断与自信,以及追求卓越的壮志、超越自我的勇气和战胜困难的意志,都可以春风化雨般融入课堂教学。在课程的讲授过程中,即在引入、主体、高潮、结尾这四个部分,体育教师应努力做到将爱的引导、爱的激发、爱的点燃及爱的延续融入教学全过程。在此过程中，能充分感受到体育教师对学生的爱，对教学的爱，对体育学科的爱，同时激发和点燃学生对体育的爱，感受到爱在教育教学过程中的传递与传承。这样的课程思政既有爱又有力，同时是体育本身魅力淋漓尽致的展现。

（五）注重反馈，勤练常反思

课堂教学部分整体设计好之后，必须勤练常反思，并注重反馈。反馈方式有他人反馈和自我评价。他人反馈包括专家、同行、学生、家人等的反馈，有助于体育教师更好地检验是否达到预期目标，完善课堂教学内容，以及明确教学过程是否达到预设的效果，等等。自我评价则指教师自己在练习讲授的过程中不断地反思，反思课堂教学"亮点在哪""是否精彩""效果如何""缺失在何处"。同时，可以对自己完整演练课堂教学的过程录音或录像，自我反馈授课时语句是否简练，表达是否精准，语调是否抑扬顿挫，教态是否合适，走动是否合理，等等。其中行动中的停顿、语言中的沉默及必要的重复，都是授课过程中对学生思考力的有力冲击。体育教师应使自己成为自我学习、反馈和提高的主人，同时学会监控和调节自己的练习时间与强度，赛前保持较好的精神状态，以饱满的激情、昂扬的斗志投入比赛。

2022年4月25日，习近平总书记在中国人民大学考察时强调："老师应该有言为士则、行为世范的自觉，不断提高自身道德修养，以模范行为影响和带动学生，做学生为学、为事、为人的'大先生'，成为被社会尊重的楷模，成为世人效法的榜样。"高校青教赛作为教学活动的一种新型载体，在引导青年教师重视课堂教学，鼓励他们立足本职教学岗位、刻苦钻研教学业务、提高课堂教学质量上具有显著效果[1]。青教赛的最终目标是造就一批立德树人的"大先生"，激励广大青年教师争做学生的"道德之师"、"四有"好老师。北京师范大学教授、常年担

---

[1] 吴旭. "青教赛"提升高校青年教师教学能力的实践与思考[J]. 教育理论与实践，2018（9）：41-42.

▶ 不一样的高校体育教学：一名体育教师的探究笔记

任北京市青教赛评委的李芒教授说，青教赛能够培育教师的"英雄心灵"，是一种永远探寻伟大目标的崇高精神、一种追求极致和勇于突破的高尚气魄。它是重在参与、重在过程、重在提高的高强度研修活动，更是一项完全对得起党和人民的"育心赛"。高校青年体育教师参加青教赛，是对自己在育心、育体、育人全过程中的一次深刻检验。在备赛的过程中，参赛教师收获的不仅仅是教学能力的提升，更是对体育精神、体育文化的传承，以及对教育责任的深刻体会。通过对课堂教学的反复打磨与重塑，体育教师应努力践行"体育是全面教育"的学科理念，以育体为核心，辅以育德、育智、育美、育劳，最终实现"五育一体"的育人目标。全国的青年体育教师要在校、市、省乃至全国教学赛事中崭露头角，发出体育教育的声音，以赛促教，不仅提升整体教学水平，还应让国赛舞台上体育教师的风采不再是令人惊叹的偶然，而是习以为常的赞赏。

　　道路虽艰难，但梦想引领人生，拼搏创造奇迹，奋斗本身就是一种幸福。在奋斗过程中，教师和学生一起享受乐趣、增强体质、健全人格、锤炼意志，任何艰难困苦也无法阻挡体育教师成为"大先生"的伟大目标。

结　语

苏霍姆林斯基说：没有爱就没有教育。爱因斯坦说：只有爱，才是最好的老师。我想，学生收到多少爱，就发出多少光；教师释放多少爱，就收获多少光。爱国家，爱学校，爱教学，爱学生，爱自己，爱为之奋斗的教育事业，只有融入了爱的教育才是真正的教育，愿体育教育工作者在自身的岗位上注入爱、传播爱、创造爱，让体育教育富有爱的灵魂，让体育点燃生命，从此，传承传递。

主要参考文献

[1] 瑞迪，哈格曼. 运动改造大脑[M]. 浦溶，译. 杭州：浙江人民出版社，2013.

[2] 丰捷."为祖国健康工作五十年"——清华大学传承体育精神的思考[N]. 光明日报，2008-01-02（10）.

[3] 张斌，谷晨. 体育的迁移价值及影响它的教育因素——读马约翰《体育的迁移价值》[J]. 体育文化导刊，2005（6）：62-63.

[4] 陈希. 在清华大学体育工作会议闭幕式上的讲话[EB/OL].（2006-04-14）[2024-08-20]. https://www.tsinghua.edu.cn/info/1948/76227.htm.

[5] 陈旭. 清华体育精神伴随我们一生[J]. 水木清华，2021（4）：56.

[6] 曲田，田姬熔. 庆祝清华大学建校110周年大会隆重举行[EB/OL].（2021-04-25）[2024-08-20]. https://www.tsinghua.edu.cn/info/1173/83533.htm.

[7] 熊斗寅. 顾拜旦《体育颂》在我国的发现与传播[J]. 体育文化导刊，2001（5）：45.

[8] 王结春，刘欣然. 搬运美德：古希腊体育文明的理解——古里奥尼斯体育思想评介[J]. 安徽师范大学学报（自然科学版），2016，39（1）：93-98.

[9] 白鹤. 体育游戏与人、社会[J]. 运动，2012（5）：155-156.

[10] 邓宏钟，李孟军，迟妍，等."慕课"发展中的问题探讨[J]. 科技创新导报，2013（19）：212-213，215.

[11] 张金磊，王颖，张宝辉. 翻转课堂教学模式研究[J]. 远程教育杂志，2012，30（4）：46-51.

[12] 高秉江. 柏拉图思想中的光与看[J]. 华中科技大学学报（社会科学版），2013，27（3）：36-41.

[13] 加德纳. 多元智能新视野[M]. 沈致隆，译. 北京：中国人民大学出版社，2012.

[14] 李开复. 与未来同行——李开复文集[M]. 北京：人民出版社，2006.

[15] 盛乐. 戴尔·卡耐基经典全集[M]. 北京：海潮出版社，2009.

[16] 叶宏开，韦庆媛，刘波，等. 体魄与人格并重：清华大学百年体育纪略[M]. 北京：清华大学出版社，2011.

[17] 楼宇烈. 中国文化的根本精神及其传承[J]. 人民教育，2017（13）：10-29.

[18] 曲宗湖，郑厚成，张燕. 论我国高校体育改革的发展与构思[J]. 体育科学，1998，18（4）：6-9.

[19] 杨桦. 体育的概念、特征及功能——新时代体育学基本理论元问题新探[J]. 体育科学，2021，41（12）：3-9.

[20] 郭成吉，陈志明，马学军，等. 体育锻炼"育智"功能探析[J]. 沈阳体育学院学报，2004，23（3）：418-419.

[21] 孙科炎，武义龙. 人格心理学[M]. 北京：中国电力出版社，2011.

[22] 郭希. 我国体育类表演专业人才培养目标定位[J]. 体育科学研究, 2009, 13（4）：84-86.

[23] 李辉. 新时代我国高校师范生职业理想教育研究[D]. 石家庄：河北师范大学, 2020.

[24] 孟丹妮, 郭梦莹, 肖俊杰, 等. 生命在于运动：运动对心脏和代谢的改善作用[J]. 自然杂志, 2020, 42（1）：66-74.

[25] 詹泽慧, 李晓华. 混合学习：定义、策略、现状与发展趋势——与美国印第安纳大学柯蒂斯·邦克教授的对话[J]. 中国电化教育, 2009（12）：1-5.

[26] 赵红凤. 新形势下"课程思政"理念融入体育课程路径的探究[J]. 当代体育科技, 2019, 9（15）：208, 210.

[27] 肖英. 终身体育锻炼在高校体育教学中的引入机制[J]. 体育时空, 2017（12）：80.

[28] 王丽珍, 武淑婷. "基于融合理念创新课堂教学"混合研训模式构建[J]. 中国电化教育, 2018（2）：127-133.

[29] 王淑英, 范红哲, 刘志红. 在高校体育专业健美操教学中实施"合作学习"的实验研究[J]. 北京体育大学学报, 2006, 29（4）：531-533.

[30] 杨峰. 大学体育与健康课程教学新视野研究性学习[J]. 南京体育学院学报, 2005, 19（5）：97-99.

[31] 联合国教科文组织国际教育发展委员会. 学会生存：教育世界的今天和明天[M]. 北京：教育科学出版社, 1996.

[32] 杨骞, 张振. "研究性学习"的思考与实践[J]. 辽宁师范大学学报（社会科学版）, 2004, 27（1）：64-66.

[33] 栗亚冬. 研究性学习理论与实践读本[M]. 沈阳：沈阳出版社, 2006.

[34] 毛振明, 赵立等. 学校体育学[M]. 北京：高等教育出版社, 2001.

[35] 张金磊, 张宝辉. 游戏化学习理念在翻转课堂教学中的应用研究[J]. 远程教育杂志, 2013, 31（1）：73-78.

[36] 董虫草. 胡伊青加的游戏理论[J]. 浙江大学学报（人文社会科学版）, 2005, 35（3）：48-56.

[37] 刘欣然, 张学衡. 基于游戏理论的体育哲学考察[J]. 上海体育学院学报, 2010, 34（4）：39-43.

[38] 罗杰斯, 弗赖伯格. 自由学习[M]. 王烨晖, 译. 3版. 北京：人民邮电出版社, 2015.

[39] 郭立亚, 黄丽. 新时代我国高校体育教师队伍建设改革的关键任务与实施路径[J]. 北京体育大学学报, 2021（9）：105-113.

[40] 马永斌, 柏喆. 大学创新创业教育的实践模式研究与探索[J]. 清华大学教育研究, 2015（6）：99-103.

[41] 吴旭. "青教赛"提升高校青年教师教学能力的实践与思考[J]. 教育理论与实践, 2018（9）：41-42.